Prosecco & Co.

FALKEN Vinum

Vinoteca

Prosecco & Co.
Führer zu Italiens Schaumweinen

Stefan Keller

Prosecco, die Perlen Venedigs

Der sprudelnde Weiße für das Gläschen zwischendurch gehört zu Venedig wie der Gesang der Gondolieri.

Seite 8

Der Weg zum Wein Ihrer Wünsche

Alles was aus weißen und roten Trauben an spritzigen und schäumenden Weinen gekeltert wird

Seite 12

Die Vielfalt italienischer Schaumweine

Vom schäumenden Prosecco, vom prickelnden Moscato, erfrischenden Lambrusco und von den noblen Schäumern aus der Franciacorta

Seite 26

INHALT

Die kulinarischen Hochzeiten

Die delikatesten Kombinationen zu den geschmacklich vielfältigen Schaumweinen

Seite 52

Die schönsten Güter und die besten Weine

Ein Weinkaufsführer mit einer Auswahl empfehlenswerter Produzenten aus den verschiedenen Spumante-Hochburgen

Seite 58

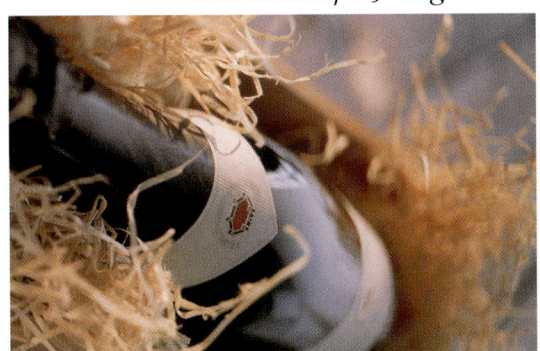

Gut einkaufen, klug einkellern, richtig servieren

Eine praktische Anleitung, wo Sie die Weine Ihrer Wünsche am besten einkaufen und wie sie fachgerecht serviert werden

Seite 72

Italiens Perlen

Wer Italien kennt, weiß, dass hier die Lebensfreude schäumt – und manchmal überschäumt. So ist es nicht nur bei den Menschen, so ist es auch bei den Weinen. Vor allem längs des Alpenfußes perlt es munter aus vielen Kellern, als hätten sich die Spumanti und Frizzanti die frischen Bergbächlein zum Vorbild genommen, die überall zu Tale sprudeln.

Moscato und Prosecco sind zwei Rebsorten, die sich besonders gut eignen für die Herstellung herrlicher Schaumweine von ganz eigenständigem Charakter, der eine typisch piemontesisch, der andere typisch venezianisch. Daneben lässt sich im ganzen Land manch andere perlende Perle entdecken.

Die weltbekannte Firma Martini & Rossi ist Asti Spumante-Produzentin aus langer Tradition. Ich bin stolz, als Direktor von Federvini auch andere berühmte Schaumweinproduzenten aus Italien in der ganzen Welt vertreten zu dürfen. Dieser kleine Vinoteca-Band gibt eine gute Übersicht über die Vielfalt der italienischen Schaumweine. Möge er ein bisschen italienische Lebensfreude in Ihren Alltag tragen.

Conte Luigi Rossi di Montelera
Vize-Präsident Martini & Rossi und Direktor Federvini

Prosecco, die Perlen Venedigs

Wurde der Prosecco erfunden, weil es in Venedig den Brauch der Ombretta gibt, oder erfanden die Venezianer «das Gläschen zwischendurch», weil sie dem Prosecco verfallen waren? Wie dem auch sei: das Genießen eines Schlucks frischen Weißweins am Tresen seiner Lieblingsosteria gehört zu Venedig wie der Gesang der Gondolieri.

Ombretta heißt übersetzt «der kleine Schatten» und bedeutet für die Bewohner der Lagunenstadt das Trinken eines Glas Weins mit Freunden in einer der unzähligen Osterien der Stadt. Der Begriff stammt – so erzählen die Einheimischen – aus der Zeit, als in den heißen Sommermonaten auf dem Markusplatz den Passanten und Besuchern kühler Wein zur Erfrischung angeboten wurde. Um ihn vor der Sonne zu schützen, folgten die Weinverkäufer mit ihren Schubkarren dem quer über den Platz wandernden Schatten des Glockenturms von San Marco.

Die fliegenden Weinhändler sind längst von der Bildfläche verschwunden, geblieben hingegen ist der Begriff Ombretta. Für die kleine Pause gehen die Venezianer heute in die Osteria, in Kneipen, an denen die meisten Touristen achtlos vorbeispazieren. Hinter dem Tresen stehen Damigiane, Korbflaschen, aus denen der Wein abgezapft wird. Keiner mundet hier besser als frischer, kühler Prosecco, der in der Karaffe leicht zu prickeln beginnt. Dank der natürlichen Kohlensäure weckt er die Lebensgeister und der geringe Alkoholgehalt verhindert, dass der köstliche Tropfen zu rasch in den Kopf steigt. Und er macht Appetit auf die kleinen, feinen Häppchen, auf grilliertes Gemüse, Muscheln, Salame und Prosciutto San Daniele.

Ombretta, ein Glas Prosecco am Tresen einer Bar, gehört zum venezianischen Alltag.

Die Italiener mögen Schaumweine. In fast allen Gebieten Norditaliens werden sie hergestellt.

Italiener, ein Volk von Spumantetrinkern
Prosecco ist bei weitem nicht der einzige Schäumer, der gerne und oft getrunken wird. 220 Millionen Flaschen Spumante erzeugen die Italiener im Jahr. Rund die Hälfte davon entfällt auf den süßen piemontesischen Asti Spumante aus der Moscato-Traube. Daneben gibt es freilich auch trockene Schaumweine. Sie werden zumeist aus den Trauben Pinot noir und Chardonnay gekeltert. Die Anbaugebiete liegen im Norden, in den Regionen Piemont, Lombardei, Oltrepò Pavese und Franciacorta, Südtirol, im Trentino, Veneto und Friaul. Das ist kein Zufall, denn nur Most mit genügend Säure ergibt einen harmonischen, frischen Spumante.

Neunzig Prozent dieser Weine basieren auf der Tankgärung (Charmat-Verfahren). Mit dieser Methode hergestellte Weine haben eine kürzere Lebensdauer und sind aromatisch weniger vielschichtig als jene

PROSECCO & CO.

Schaumweine, die in der Flasche vergoren werden. Die besten – und auch die teuersten – italienischen Schaumweine entstehen wie überall durch die traditionelle Flaschengärung, wie sie in der Champagne ihren Ursprung hat und angewendet wird. In Italien heißt sie «metodo classico» oder «metodo tradizionale», was auf dem Etikett stolz erwähnt wird.

Enotria, das Land des Weins, so heißt Italien auch. Die Rebe und der Wein prägen die Kultur.

Internationale Weine und regionale Spezialitäten

Neben dem in aller Welt bekannten und beliebten trockenen oder lieblichen Prosecco, dem süßen Asti Spumante und roten Lambrusco gibt es eine Vielzahl regionaler Spezialitäten. In über 30 klassischen italienischen Weinbauzonen ist in den gesetzlichen Bestimmungen die Herstellung von Schaumweinen festgelegt. Sie können aus verschiedensten Traubensorten vinifiziert werden. Ihr Alkoholgehalt schwankt zwischen 5 und 13 Volumenprozent, und je nach Gegend sind sie knochentrocken, lieblich oder deutlich süß, weisen mehr oder weniger Kohlensäure auf. Schaumwein mit wenig Kohlensäure kommt unter der Bezeichnung «Frizzante» in den Handel.

Spumante, Champagner, Sekt und Cava im Vergleich

Name	Herkunft	Ursprung	Traubensorten	Herstellung	Geschmack	Preis
Spumante	Italien	Norditalien	große Vielfalt	Tank- oder Flaschengärung	trocken bis süß	❶ - ❺
Champagner	Frankreich	Champagne	Pinot noir, Pinot Meunier, Chardonnay	Flaschengärung	trocken bis süßlich	❸ - ❺
Sekt	Deutschland	mehrheitlich ausländische Grundweine	vor allem Pinot noir, Chardonnay	mehrheitlich Tankgärung	trocken bis lieblich	❶ - ❷
Cava	Spanien	Katalonien	Xarel-lo, Macabeo, Parellada	Flaschengärung	trocken bis lieblich	❷ - ❸

Der Weg zum Wein Ihrer Wünsche

Dieses Kapitel zeigt Schritt für Schritt, wie Sie sich den italienischen Spumanti annähern können, wie Sie bei der Wahl vorgehen und welche Kriterien Sie beim Einkauf berücksichtigen sollten, damit sich Ihre Wünsche und Vorstellungen mit dem Wein Ihrer Wahl decken.

Wer etwas finden will, muss wissen, was er sucht. Das ist eine banale Weisheit – aber doch so treffend! Auf Wein bezogen heißt das: Lernen, was die Qualität ausmacht, seinen eigenen Geschmack ergründen, seine Vorlieben bestimmen und seine Bedürfnisse erkennen. Wer die Sache beim Kauf italienischer Spumanti richtig angeht, wer sich den Überblick im Labyrinth des verworrenen Angebots verschafft, der wird kaum in die Irre gehen. Er wird für jeden Geschmack und jede Gelegenheit einen trefflichen Wein finden.

Was die Güte eines Weines bestimmt

Grundsätzlich sind es vier Faktoren, welche den Typ und die Güte eines Weines bestimmen:
1. die Rebsorte und deren Trauben
2. das Klima und der Boden, die in der Weinsprache mit dem Begriff «Terroir» bezeichnet werden
3. das Können von Winzer und Weinmacher
4. die Eigenheiten eines Jahrgangs.

Alles in allem aber ist es zum guten Ende das Zusammenwirken dieser Elemente.
Die nebenstehenden Symbole werden Sie durch diesen Band und die ganze Buchreihe Vinoteca führen. Über die Qualität der Weine informiert die Anzahl Sterne von ★ bis ★★★★★.

Die Summe der vier Faktoren ergibt die Weinqualität

Traubensorte

Terroir

Winzer

Jahrgang

Weinqualität

Vier Fragen bestimmen die Weinwahl:

> Um «Ihren» Wein zu finden, sollten Sie Ihre Wünsche und Erwartungen nach folgenden Kriterien prüfen:
>
> ♀♂ Welches sind meine Vorlieben? Weiß oder rot? Trocken oder süß? Perlend oder schäumend? Leicht oder schwer?
>
> 🍾 Ist der Wein zum sofortigen Trinken oder zum Lagern bestimmt?
>
> 👄 Zu welchen Gelegenheiten soll er passen? Zum Aperitif, zur Stehparty, zum kleinen Imbiss oder zum Festtagsmahl?
>
> ❶-❺ Was ist mir das Vergnügen wert? Auf Grund Ihrer Antworten und der entsprechenden Symbole werden Sie in diesem kleinen Ratgeber zu den Weinen Ihrer Wünsche geleitet.

Die Vielfalt der italienischen Spumanti

Ob weiss, rosarot oder rubinrot, ob süß oder trocken, ob mit mehr oder weniger Kohlensäure, Italien hält mit seiner reichhaltigen Schaumwein-Palette für jeden Geschmack, jede Gelegenheit und jedes Portemonnaie das Passende bereit. Im Gegensatz zu Gebieten wie der Champagne oder Katalonien kennt die Fantasie der italienischen Produzenten kaum Grenzen. Das beginnt bereits bei der Wahl der Trauben. Nicht nur die klassischen, internationalen Sorten aus der Pinot-noir-Familie werden gekeltert, sondern auch regionale Varietäten wie die Lambrusco-, Moscato- oder die Prosecco-Trauben. In andern Ländern werden rote Sorten so zu Sekt verarbeitet, dass er am Schluss einem Weißwein gleicht. In Italien hingegen darf ein Schaumwein durchaus rot sein. Auch mit den Möglichkeiten des Flaschendesigns wird virtuos gespielt.

Frage: **Welches ist der Unterschied zwischen diesen drei Flaschen? Antwort: Bis zu 50 Mark!**
Diese drei Flaschen zeigen drei typische italienische Schaumweine. Einen trockenen Prosecco aus dem Veneto, einen süßen Moscato d'Asti aus dem Piemont und einen noblen Spumante aus dem Anbaugebiet Franciacorta in der Lombardei.

❶ ab DM 8,– / € 4,–

🍾 Beispiel eines Aperitifweins
🍷 Ein süffiger, frischer Schaumwein
🧀 Er passt auch zu einem kleinen Imbiss mit Käse und Salami
Mehr dazu: Seite 30

❷ ab DM 12,– / € 6,–

🍾 Beispiel eines Dessertweins
🍷 Ein traubiger, süßer Schäumer
🧀 Der Wein fürs fröhliche Fest und zu süßem Gebäck
Mehr dazu: Seite 42

❸ ab DM 25,– / € 12,50

🍾 Beispiel eines festlichen Weins
🍷 ein trockener eleganter Spumante
🧀 Man trinkt ihn zum Aperitif, aber auch bei einem gediegenen Mahl
Mehr dazu: Seite 34

Die wichtigsten Traubensorten für italienischen Spumante

Die Prosecco-Traube hat ihre größte Verbreitung in der Provinz Treviso.

Die klassischen italienischen Spumanti werden jeweils aus einer Sorte gekeltert, die dem Wein oft den entsprechenden Namen leihen: der Prosecco stammt aus der Prosecco-, der Asti Spumante aus der Moscato- und der Lambrusco aus der Lambrusco-Traube. Vermehrt werden auch die ursprünglich aus Frankreich stammenden Champagner-Sorten Chardonnay und Pinot noir angebaut.

Prosecco aus dem Veneto

Der Prosecco ist seit Menschengedenken in den sanften Hügelzonen am Fuße der Trevisaner Voralpen heimisch. Heute stehen im Anbaugebiet von Conegliano-Valdobbiadene in 15 Gemeinden rund 3600 Hektar in Ertrag (s. S. 34). Nur noch im benachbarten Gebiet Montello e Colli Asolani erreicht der Prosecco – in bedeutend kleineren Mengen – eine ähnliche Qualität. Vereinzelt wird er auch in andern italienischen Regionen und sogar in Übersee, vor allem in Argentinien, angebaut. In den Colli Euganei, in der Provinz Padova, steht die Varietät Serprina im Anbau. Es handelt sich dabei möglicherweise um eine Spielart.

Die Moscato-Rebe steht in ganz Italien im Ertrag. Im Piemont werden daraus vor allem Schaumweine hergestellt.

Die Prosecco-Rebe ist widerstandsfähig und generös im Ertrag. Die Trauben wachsen zu beachtlicher Größe heran und sind eher lang und lockerbeerig. Vollreife Beeren bezaubern durch ihre goldgelbe Farbe. Der größte Teil der Ernte wird zu trockenen oder lieblichen Schaumweinen (Spumante oder Frizzante) ausgebaut. Im Gebiet selber trinkt man aber auch gerne einen Prosecco ohne Kohlensäure. Die Sorte eignet sich generell für Weine, die in der Jugend getrunken am besten schmecken.

REBSORTEN

Moscato aus dem Piemont

Der Moscato gehört zu den meistangebauten Weißweinsorten und ist in ganz Italien verbreitet. Die größte Ausdehnung hat die Rebe aber mit Abstand im Piemont. Hier wird die Ernte vorwiegend zu zwei Weintypen verarbeitet: zum Moscato d'Asti mit weniger Kohlensäure und Alkoholgehalt und zum süßlicher wirkenden Asti Spumante, der industriell hergestellt wird (s. S. 42). Die Moscato-Traube ist eine der wenigen Varietäten, die den Geschmack der Trauben in den Wein hinüberretten können. Wer Moscato mit seinen typischen Muskataromen trinkt, wird eindeutig an diese Traube erinnert.

Die Heimat der Lambrusco-Trauben ist die Emilia Romagna. Der gleichnamige Wein ist der bekannteste rote Schäumer.

Lambrusco aus der Emilia Romagna

Die Lambruso-Rebe wird vor allem in der Gegend von Modena und Reggio Emilia angebaut. Die robuste Sorte, von der über 60 verschiedene Untergruppen bekannt sind, ist äußerst ertragreich. Zu den verbreitetsten zählen der Lambrusco di Sorbara, der Lambrusco Salamino und der Reggiano Lambrusco. Große Kellereien verarbeiten die Ernte zu trockenem oder süßlichem Frizzante, der unter dem Namen Lambrusco in großen Mengen exportiert wird (s. S. 46).

Varietät	Verbreitung	Weintyp
Brachetto	Piemont	rot, lieblich
Pinot noir	Norditalien	weiß, trocken bis halbtrocken
Chardonnay	ganz Italien	weiß, trocken bis halbtrocken
Verdicchio	Marche	weiß, trocken bis halbtrocken
Pinot bianco	Norditalien	weiß, trocken bis halbtrocken
Durello	Veneto	weiß, trocken
Garganega	Veneto	weiß, trocken

Der Anbau der Schaumwein-Traube

Spumante-Produzenten sind meist modern eingerichtete Kellereien, die Trauben einkaufen. Die Herstellung ist technisch anspruchsvoll und mit teuren Investitionen verknüpft, die sich für einen einzelnen Winzer nicht auszahlen. Spumanti werden in erster Linie durch die Traubensorte und die Art der Verarbeitung geprägt und weit weniger durch die Finessen des Terroirs und des Jahrgangs.

Ganz frei in der Wahl ihres Rohstoffs sind die Spumantisti, die ihre Schäumer unter einem Markennamen anbieten. Sie können Trauben oder Stillwein aus den verschiedensten Anbaugebieten einkellern. Wer hingegen einen Spumante mit Herkunftsbezeichnung anbietet, den schränkt das Gesetz auch bezüglich Anbauzonen ein.

Flache Gebiete sind beliebt

Die Wertschöpfung findet durch die Versektung statt. So suchen die Kellereien Trauben oder Stillweine, die möglichst günstig eingekauft werden können, die über

Mit dem Refraktometer wird der Zuckergehalt der Trauben gemessen.

Große Zeilenabstände ermöglichen eine maschinelle Bearbeitung.

REBBAU

genügend Säure und wenig Alkohol verfügen, denn durch die Versektung erhöht sich der Alkoholgehalt um mehrere Volumenprozent. Die Säure soll den erfrischenden Charakter des Getränks unterstützen.

Die materia prima, die Trauben, stammen oft aus Weingärten, die sich in Ebenen befinden und maschinell bearbeitet werden können. Breite Gassen zwischen den Zeilen begünstigen den Einsatz leistungsstarker Geräte. Entsprechend tief ist die Stockdichte und auf einer Pflanze lastet viel: sieben Kilogramm Trauben oder mehr sind keine Seltenheit und beeinträchtigen die Qualität. Die Ernte findet statt, bevor die Früchte ihren maximalen Reifegrad erreicht haben. Je länger die Trauben reifen, umso mehr Zucker lagern sie ein und um so mehr Säure verlieren sie.

Die Rechnung geht für die Traubenproduzenten und die Kellereien gleichermaßen auf. Die Winzer dürfen ungeniert hohe Erträge auch aus zweitklassigen Lagen abliefern und die Versekter müssen dafür nicht zu tief in die Tasche greifen.

Das gilt allerdings nur für Billigmarken, nicht aber für die kostbaren Super-Spumanti.

So kostet die Traubenernte weniger, als wenn von Hand geerntet würde.

Vor allem entlang der Alpen gehören Pergeln zu den traditionellen Anbausystemen. Die Trauben wachsen über breiten Wiesenstreifen. Die Bewirtschaftung verlangt viel Handarbeit.

Die Gärung im Drucktank
(Charmat-Verfahren)

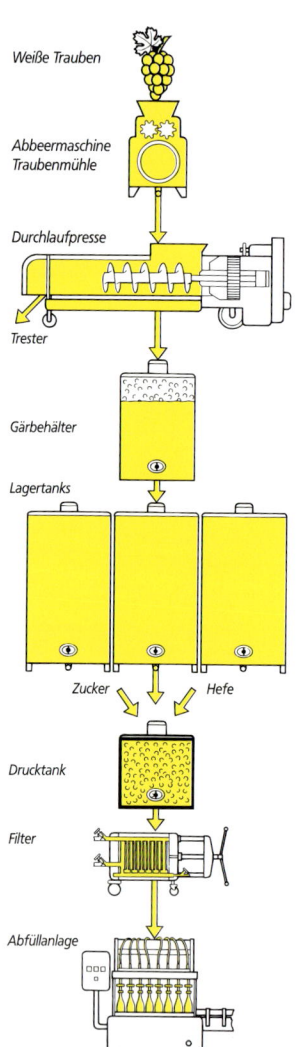

Weiße Trauben

Abbeermaschine
Traubenmühle

Durchlaufpresse

Trester

Gärbehälter

Lagertanks

Zucker   Hefe

Drucktank

Filter

Abfüllanlage

Wenn die gesunden Trauben im Keller angeliefert sind, beginnt die delikate Vinifikation. Weiße Sorten werden in der *Traubenmühle abgebeert*. Sie trennt die Früchte von den Stielen. Danach werden die Beeren *gepresst*. Ein guter Kellermeister verwendet nur den Saft der ersten Pressungen (il mosto fiore), das entspricht rund sechzig Prozent Ausbeute. Was übrig bleibt, wird zu einem Offenwein verarbeitet oder mit den Beerenresten (Trester) zu Grappa gebrannt. Die neuesten pneumatischen Geräte können so fein eingestellt werden, dass sogar die ganzen Trauben gepresst werden können und keine Gefahr besteht, dass grüne Noten von Traubenstielen und -kämmen in den Most fließen. Der geklärte Traubensaft wird in einen *Gärbehälter* gepumpt. Durch die beigemischte Reinzuchthefe beginnt die Gärung, sie verwandelt den Zucker in Alkohol, Wärme und Kohlensäure. Damit die fruchtigen Komponenten möglichst erhalten bleiben, wird der Gärbehälter nach Bedarf gekühlt. Die Temperatur sollte nicht über 20 Grad steigen. Die Gärung ist nach rund einer Woche abgeschlossen; der Jungwein wird in die *Lagertanks* umgezogen.

Die knackige Fruchtigkeit erhalten
Während der ganzen weiteren Verarbeitung muss darauf geachtet werden, dass der Wein den biologischen Säureabbau nicht durchläuft, weil er dadurch an knackiger Frische verlieren würde. Kühlung, Filtrationen und Schwefel können dies verhindern.

WEINBEREITUNG

Teil für Teil gelangt im Verlauf der folgenden Monate zur Weiterverarbeitung in den *Drucktank* (autoclave). Denn immer noch fehlt dem Wein das, wofür er berühmt ist: seine überschäumenden Perlen. Für den Spumante braucht es einen geschlossenen Tank, in dem genügend Druck erzeugt werden kann. Die benötigte Kohlensäure entsteht durch die Zugabe von zwei Kilogramm Zucker pro hundert Liter Most und durch Hefe. Damit die Vergärung rasch einsetzt, wird der Tank auf 14 Grad Celsius erwärmt. Nach rund drei Wochen ist die Versektung abgeschlossen. Je nachdem wieviel Restzucker im Wein bleiben soll – er bestimmt die Geschmacksrichtungen von Brut und Extra Dry – wird die Vergärung über eine scharfe *Filtration* ein wenig früher oder später abgeschlossen.

Spumante schmeckt am besten jung
Aus dem stillen Wein wurde im Drucktankverfahren ein Schaumwein mit ein bis zwei Volumenprozent mehr Alkohol. Er wird in dicke Glasflaschen *abgefüllt,* die den Druck des Weins auszuhalten vermögen. Verschlossen werden die Spumante-Flaschen mit einem besonderen Korken, der zusätzlich von einem Drahtkörbchen gehalten wird. Vor der Auslieferung ruhen die Flaschen während einiger Wochen im Keller. Der Wein schmeckt in den folgenden paar Monaten am besten.

Billiger, qualitativ aber bedeutend schlechter als die Produktion von Spumante in Drucktanks ist die Zusetzung von Kohlensäure unmittelbar vor der Abfüllung. Es sind fast ausschließlich weiße Stillweine, die mit CO_2 imprägniert werden. Die Perlen sind unangenehm grob und verpuffen im Glas rasch. Oft werden auf diese Art minderwertige Gewächse zu einem prickelnden Getränk verarbeitet.

Lagertank für den Stillwein

Bereit zum Etikettieren

Passender stilvoller Auftritt

Körbchen sichert den Korken

Die Gärung in der Flasche
(Metodo-classico-Verfahren)

Der Wein reift auf der Hefe

Entfernung der vereisten Hefe

Maßstab aller Schaumweine ist der Champagner. Seine Feinheit erhält der nobelste unter den Schaumweinen durch die Flaschengärung, die «méthode champenoise». Die besten italienischen Spumanti werden ebenfalls nach diesem System ausgebaut und auf den Etiketten mit «metodo tradizionale» oder «metodo classico» gekennzeichnet.

Für den langen Ausbau auf der Hefe werden meist die Klassiker Chardonnay und Pinot noir verwendet. Es sind Sorten, die im Gegensatz zu vielen traditionellen italienischen Sorten über genügend Alterungspotential verfügen. «Metodo classico»-Schaumweine sind immer weiß gekeltert. Eine besondere Schwierigkeit bildet dabei der rote Pinot noir. Die farbtragenden Schalen müssen so rasch und so sanft als möglich separiert werden. Die Vinifikation des Stillweins verläuft wie auf Seiten 20/21 beschrieben.

Wie die Kohlensäure in den Wein kommt

Der Grund- oder Stillwein wird zusammen mit einem «liqueur de tirage», der aus einer Mischung von Zucker, Wein und Hefen besteht, in Flaschen abgefüllt und mit Kronkorken verschlossen. Die Hefen beginnen, den Zucker zu vergären, dadurch entsteht die Kohlensäure, die nicht entfliehen kann, sondern sich in den Wein einbindet. Mehrere Monate bis Jahre liegen die Flaschen «sur latte», auf einem einfachen Holzrost. Je kühler der Keller, desto langsamer verläuft dieser zweite Gärprozess und um so feinperliger wird schlußendlich der Schaumwein. Durch den Kontakt mit der Hefe entwickeln sich seine feinen Geschmacksnuancen.

WEINBEREITUNG

In den letzten Monaten der Reifung werden die Schaumweine auf ein Rüttelpult, ein «pupitre» gebracht. Hier soll sich das Hefedepot nach abgeschlossener zweiter Gärung als Pfropfen im Flaschenhals sammeln. Die auf dem Kopf stehenden Flaschen werden von einem Rüttler regelmäßig ein wenig gedreht und gleichzeitig etwas steiler gestellt. Bei jeder Bewegung rutscht das Depot näher zum Verschluss. Wenn es soweit ist, werden der Flaschenhals in ein Eisbad getaucht und der Verschluss weggerissen. Durch den Kohlensäuredruck wird der vereiste Trub hinausgeschleudert. Mit wieviel in Wein aufgelöster Zucker beigegeben wird, entscheidet darüber, ob der Schaumwein Extra brut, Brut oder Extra dry ist.

Abschied von der Kellerromantik
Heute übernehmen mehr und mehr mechanische Vorrichtungen die Arbeit der Rüttler. Hunderte von Flaschen werden in Intervallen langsam bewegt, bis sie schließlich auf dem Kopf stehen.

Palettenweise stellen Maschinen die Flaschen auf den Kopf

Der Rüttler macht's von Hand

Vor dem Gesetz sind nicht alle gleich

EU-Klassifikation der Schaumweine bezüglich ihres Zuckergehaltes (Gramm pro Liter):

Extra brut	0–6
Brut	bis 15
Extra dry	12–20
Sec	17–35
Demi-sec	33–50
Doux	über 50

Spumante-Produktion (Metodo classico und Charmat) Total: 220 Mio. Flaschen

Süßer Spumante: 100 Mio. Flaschen (davon 80 Mio. Asti DOCG)
Charmat Spumante trocken: 100 Mio. Flaschen
Metodo-classico-Spumante: 20 Mio. Flaschen

Spumanti werden unterteilt in Vini spumanti (unterste Kategorie), Vini spumanti di qualità (VSQ) und Vini spumanti di qualità prodotti in regioni determinate (VSQPRD, gleichbedeutend mit DOC-Spumante). Die aufsteigenden Klassen haben zunehmenden Qualitätsanforderungen zu genügen. Die beiden berühmtesten Vertreter der VSQPRD sind der Asti DOCG und der Prosecco di Conegliano-Valdobbiadene DOC, populäre VSQ sind die diversen Prosecco-Marken (ohne DOC). Metodo-classico-Schaumweine gibt es meist als VSQPRD. Beim Trento DOC und Franciacorta DOCG ist diese Ausbauart Voraussetzung.

Im Gegensatz zum Spumante ignoriert die italienische Gesetzgebung die Gattung Frizzante vollständig. Ein Dekret von 1965 bewilligt lediglich die Anreicherung eines Weines mit Kohlensäure bis zu 2.5 bar (Spumante: mindestens 3 bar). Die europäische Gesetzgebung sieht zwar die Sorte Vino Frizzante vor, hat bisher aber noch keine genaueren, die Herstellung betreffenden Bestimmungen erlassen. Laut europäischer Gesetzgebung muss ein Frizzante einen effektiven Alkoholgehalt von mindestens 7 Grad (potentiell: 9 Grad) und 1 bis 2.5 bar aufweisen.

Die Merkmale der wichtigsten Schaumweine:

Weinname	Herkunft	Traubensorten	Ausbauart	Charakteristik
Asti DOCG	Piemont	Moscato	Charmat	weiß, süß, aromatisch
Prosecco Conegliano-Valdobbiadene DOC	Veneto	Prosecco	Charmat	weiß, trocken bis halbtrocken
Lambrusco DOC	Emilia Romagna	Lambrusco	Charmat	rot, trocken bis lieblich
Franciacorta DOCG	Lombardei	Chardonnay, Pinot noir, Pinot bianco	Metodo classico	weiß, meist trocken
Trento DOC	Trentino	Chardonnay, Pinot noir, Pinot bianco	Metodo classico	weiß, meist trocken

WEINQUALITÄTEN

Weinetiketten sagen viel – aber nicht alles.
Die wichtigsten Hinweise auf dem Etikett sind Wein- und Produzentenname. Bei den Spumanti fehlt meist die Jahrgangsbezeichnung. Was im Verkauf ist, sollte nicht gelagert, sondern bald getrunken werden.

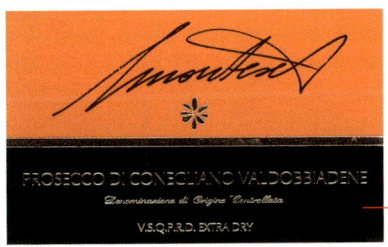

Der Prosecco di Conegliano – Valdobbiadene gehört zu den DOC (Denominazione d'Origine Controllata-Weinen). Die Trauben stammen aus einem begrenzten Gebiet. Extra Dry bezeichnet die Geschmacksrichtung (s. S. 34).

Die Kellerei Gancia im Piemont verarbeitet Trauben aus verschiedenen Gebieten. Eine Selektion der besten eines Jahrgangs bringt Gancia unter dem Fantasienamen Vintage dei Gancia in den Handel (s. S. 42).

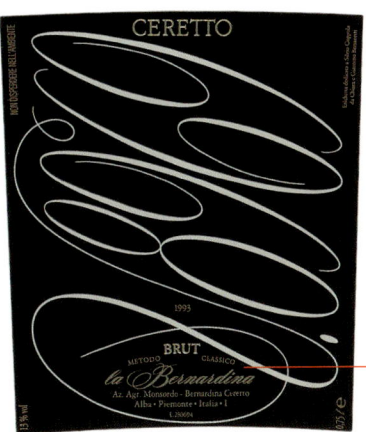

Wer den Weißen nicht im Drucktank sondern in der Flasche vergärt, schreibt «metodo classico» auf die Flasche. Der Herstellungshinweis wird als Qualitätsmerkmal verstanden (s. S. 51).

Die Vielfalt italienischer Schaumweine

Prosecco, Moscato und Lambrusco gelten als die drei italienischen Schaumweine schlechthin. Bei näherem Zusehen entdeckt der Weinfreund aber eine Fülle bemerkenswerter Gewächse. In Italien findet er alles, was sein Herz begehrt, vom einfachen Schäumer bis zum noblen Talento.

Die einfache Symbolik der Vinoteca weist den Weg zum Wein, den Sie suchen. Stellen Sie sich zuerst die richtigen Fragen (siehe S. 14). Die Antworten erhalten Sie über Symbole und Beschreibungen. Die Anzahl Sterne resultiert aus den verschiedenen Faktoren (siehe S. 13).

	Die Qualität
★	für einen guten Alltagswein
★★	für einen feinen Sonntagswein
★★★	für einen prächtigen Festtagswein
★★★★	für einen grandiosen Paradewein
★★★★★	für einen absoluten Weltklasse-Wein

	Der Weintyp/Geschmack
♥	Rotwein
♈	Rosé
♉	Weißwein

⌣	**Die idealen Gerichte zu diesem Wein**

	Die Lagerfähigkeit
▮	Trinkwein
▬	Lagerwein (Angaben in Jahren nach Ernte)

	Die Preiskategorien
❶	unter DM 10,– / € 5,–
❷	DM 10,– bis 20,– / € 5,– bis 10,–
❸	DM 21,– bis 30,– / € 10,– bis 15,–
❹	DM 31,– bis 50,– / € 15,– bis 25,–
❺	über DM 50,– / € 25,–

Die Vinoteca-Symbole zur Weinbeurteilung

Qualität

Weintyp/Geschmack

Speise-Empfehlung

Lagerfähigkeit

Preiskategorie

Italiens wichtigste Schaumweingebiete auf einen Blick

Lombardia
Lugana DOC
Franciacorta DOCG
Oltrepò Pavese DOC

Nähere Informationen
s. S. 34–37

Piemonte
Asti DOCG
Moscato d'Asti DOCG
Brachetto d'Acqui DOCG
Cortese DOC
Erbaluce di Caluso DOC
Barbera del Monferrato DOC
Malvasia DOC (diverse)
Spumante Piemonte DOC

Nähere Informationen
s. S. 42–45

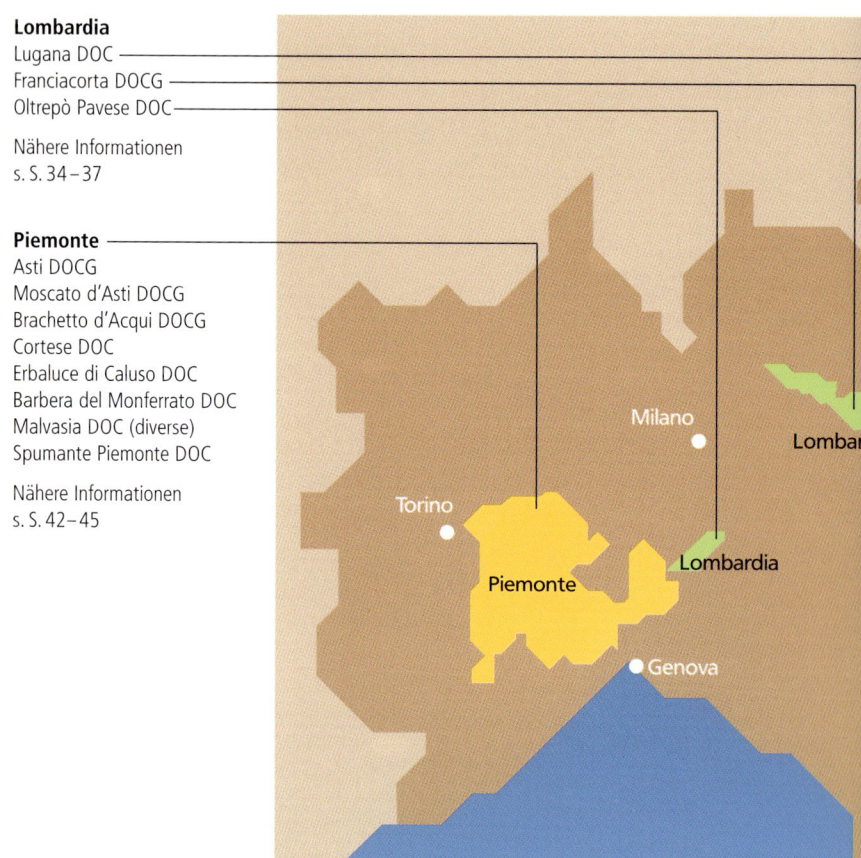

SCHAUMWEINGEBIETE

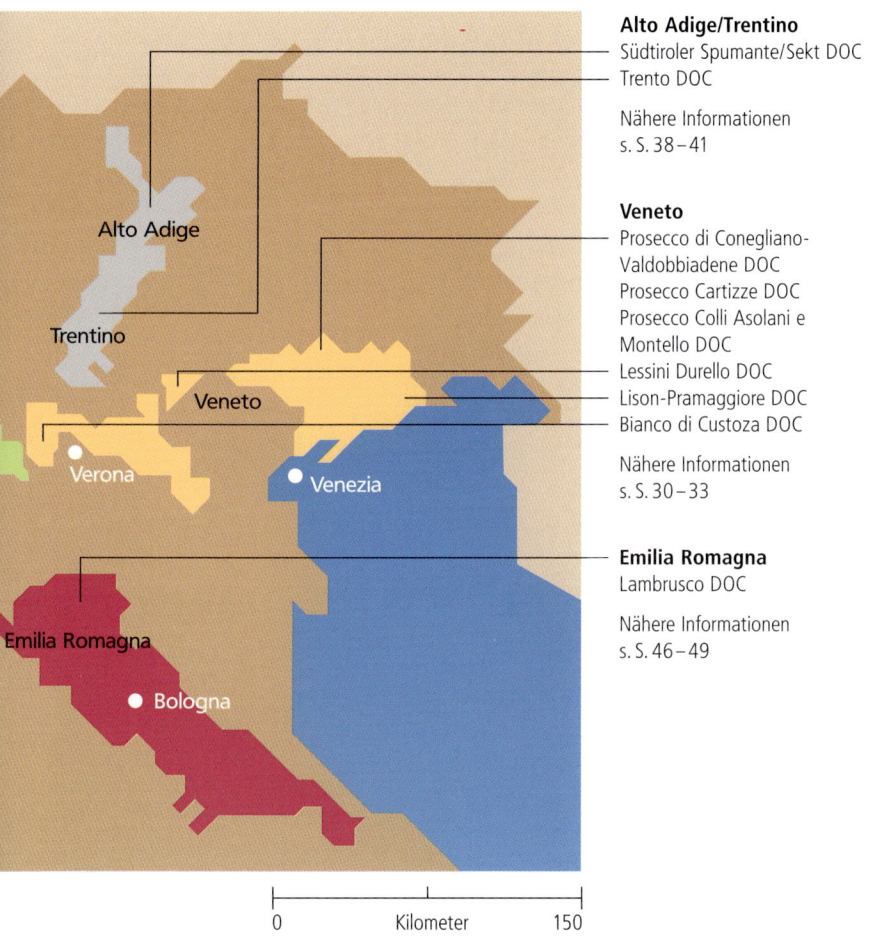

Alto Adige/Trentino
Südtiroler Spumante/Sekt DOC
Trento DOC

Nähere Informationen
s. S. 38–41

Veneto
Prosecco di Conegliano-Valdobbiadene DOC
Prosecco Cartizze DOC
Prosecco Colli Asolani e Montello DOC
Lessini Durello DOC
Lison-Pramaggiore DOC
Bianco di Custoza DOC

Nähere Informationen
s. S. 30–33

Emilia Romagna
Lambrusco DOC

Nähere Informationen
s. S. 46–49

Herrlich prickelnder Prosecco

Im Veneto stammen die feinsten Weine wie der Prosecco von Conegliano und Valdobbiadene aus Anbaugebieten, die sich an die Voralpen schmiegen. Die Gegend gehört zur Provinz Treviso und war bis vor nicht allzu langer Zeit ein klassisches Auswanderungsgebiet. Die Erde vermochte die bäuerliche Bevölkerung kaum zu ernähren. Heute gehört Treviso zu den wohlhabendsten Provinzen Italiens. Unzählige Klein- und Mittelbetriebe haben sich hier angesiedelt und produzieren vielfältigste Güter, die in der ganzen Welt gefragt sind.

Die frühere bäuerliche Gesellschaft gehört der Vergangenheit an. Dies gilt auch für den einmaligen Wein, der seit Generationen im Hügelgebiet zwischen den beiden Städtchen Valdobbiadene und Conegliano angebaut wird – für den Prosecco. Zwar stammt der größte Teil der Trauben immer noch von kleinen Winzern, die ihren Rebberg lieben wie die Köchin ihr Ge-

Stimmungsvolle Dörfer reihen sich an der Strada del Prosecco

würzbeet. Die Verarbeitung der Trauben aber liegt größtenteils in den Händen der Spumantisti, die vornehmlich im Anbaugebiet auf die Versektung spezialisierte Unternehmen betreiben.

Ein Wein, der aus der Kälte kam
Der Prosecco von Conegliano und Valdobbiadene ist – zusammen mit dem piemontesischen Asti – der beliebteste und bekannteste italienische Schaumwein. Doch auch wer keinen Sprudel mag, kommt auf seine Rechnung. Ein Teil der Produktion wird als stiller Weißwein ausgebaut und viele Betriebe – vor allem in der Gegend um Conegliano – führen auch Rotweine in ihrem Sortiment.
Prickelnder Prosecco ist nicht eine Erfindung dieser Tage. Die Natur wies den Produzenten die Richtung. In den kalten Kellern der Trevisaner Voralpen, wo der Prosecco seinen Ursprung hat, vermochten die Hefen nicht allen Zucker zu vergären, die Gärung wurde unterbrochen.

Antonio Carpené war einer der Wegbereiter des sprudelnden Prosecco.

Die meisten Trauben werden von Freizeitwinzern und -winzerinnen produziert.

Rund 8,6 Millionen Flaschen gehen heute in den Export.

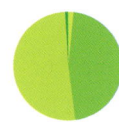

150 000 Flaschen Stillwein
4 Mio. Flaschen Frizzante
4,4 Mio. Flaschen Spumante
50 000 Flaschen Cartizze

Produktionszahlen:

1994: 25,5 Mio. Flaschen
1995: 27,0 Mio. Flaschen
1996: 28,5 Mio. Flaschen
1997: 30,1 Mio. Flaschen
1998: 30,5 Mio. Flaschen

Wärme bringt Bewegung in den Saft

Wenn im Frühling die Temperaturen anzusteigen beginnen, kehrt das Leben in die Fässer zurück. Die Hefen beginnen, dem restlichen Zucker zu Leibe zu rücken und verwandeln diesen in Wärme, Alkohol und Kohlensäure.

Je nach Zeitpunkt der Abfüllung beziehungsweise des Konsums schmeckt der Prosecco trockener oder süsser, sprudelt er mehr oder weniger stark. Das ständig grössere Wissen um diese Prozesse und die technischen Fortschritte ermöglichen eine Prosecco-Palette, wie sie heute in Perfektion auf der ganzen Welt angeboten wird.

Cartizze gilt als Non-plus-ultra

Die steigende Beliebtheit des Prosecco hat in den vergangenen Jahren zu einer Intensivierung des Anbaus geführt. Waren zu Beginn der 90er Jahre rund 2 800 Hektar als DOC-Rebberge registriert, so sind es heute bereits deren 3 600. Entsprechend vergrössert hat sich

auch die Produktion. Die Trauben für die jährlich rund 30 Millionen Flaschen werden zu je einem Drittel von Weinbauern, Genossenschaftskellereien und privaten Kellereien produziert. Der Verkauf der Flaschen hingegen wird von den privaten Kellereien dominiert. Sie setzen rund zwei Drittel der ganzen Produktion ab, in den Rest teilen sich die Genossenschaften und die Weinbauern. Stabil blieb die Rebfläche im kleinen Anbaugebiet des Cartizze. Die besonders steile Zone ist auf 106 Hektar begrenzt und geniesst das grösste Ansehen.

Die Flaschen des klassischen Prosecco aus Conegliano-Valdobbiadene sind mit dieser Schutzmarke gekennzeichnet.

Nicht jeder Prosecco ist ein Original

Es lohnt sich, beim Einkaufen auf die Schutzmarke des Consorzio Conegliano-Valdobbiadene DOC zu achten, mit der kontrollierte Flaschen gekennzeichnet sind, denn auf der Erfolgswelle dieses Klassikers reiten auch Anbieter, die Prosecco aus Trauben von Gebieten verkaufen, welche weniger für den Anbau dieser Sorte geeignet sind. Nur noch das benachbarte Gebiet der Colli Asolani und Montello darf seine Prosecco-Weine mit der Zusatzbezeichnung DOC vermarkten. Die Produktion ist jedoch vergleichsweise bescheiden.

Wein-Typ	★	🍷	🍽[1]	▬	❶
Prosecco Spumante brut oder Extra Dry	★–★★	trockener (Brut) oder lieblicher (Extra dry) Schaumwein	Aperitif, als Brut auch zu kalten Vorspeisen	sofort trinken	❶–❷
Prosecco Frizzante	★	diskreter, süffiger Perlwein	zu pikanten Vorspeisen, Wurstwaren	sofort trinken	❶–❷
Prosecco Superiore di Cartizze	★–★★	eleganter, lieblicher Schaumwein	Aperitif, als Abschluss eines guten Mahls	sofort trinken	❷
Prosecco	★	trockener, diskreter Weißwein ohne Kohlensäure	zu kalten Vorspeisen und Fischgerichten	1–2	❶–❷

[1] Die idealen Speisen zum Wein: Seiten 56/57

Franciacorta – die Champagne Italiens

Fast ein Drittel des italienischen Schaumweins mit Zweitgärung in der Flasche (Metodo tradizionale oder Metodo classico) stammt aus diesem kleinen Bereich in der Nähe von Brescia in der Lombardei. Die DOCG-Produktion erstreckt sich auf bloß 800 Hektar. Spumanti mit dieser prestigereichen Ursprungsbezeichnung – erlaubt ist ausschließlich die Metodo classico – werden von 75 Betrieben rund um den Lago d'Iseo erzeugt.

Zu den größten Produzenten zählt Guido Berlucchi. Fünf Millionen Flaschen füllt sein Betrieb jährlich ab. Da aber Berlucchis Grundweine auch aus dem Trentino, dem Oltrepò Pavese und aus Gavi stammen, gehören seine Spumante nicht der Franciacorta DOCG an. Am bekanntesten ist Berlucchis Cuvée Imperiale.

Aus der Franciacorta, dem «kurzen Frankreich», stammen die langlebigsten Schaumweine.

Noch bis 1970 erzeugte die Gegend vorwiegend rustikale Rotweine, die außerhalb der Provinz Brescia kaum jemand kannte. Inzwischen hat sich die Franciacorta zur angesehensten Schaumweinregion Italiens emporgearbeitet.

Wissen aus Frankreich geholt

Das erste Gut, das von sich reden machte, war Ca' del Bosco (s. S. 68). In den frühen siebziger Jahren beschloss Maurizio Zanella, das Wunderkind mit Familienvermögen, der Welt zu zeigen, dass Italiener genauso meisterhaft Schaumwein zu produzieren verstehen wie die Franzosen. Er arbeitete mit einem alten Kellermeister aus Epernay und bewies bald, dass er seinen Mund nicht zu voll genommen hatte. Ca' del Boscos stärkste Konkurrenten sind neben Bellavista einige Nachbarn im Ort Erbusco, das sich als Standort mehrerer Spitzenweingüter bisher besonders hervorgetan hat.

Da die Erzeuger (fast) keine bindende Tradition zu respektieren haben, gehen sie mit einer Aufgeschlossenheit und einem Wettbewerbsgeist an ihr Geschäft, die einen an die Weinmacher der Neuen Welt erinnern. Tatsächlich würden einige Franciacorta-Güter gut nach Kalifornien oder Australien passen.

Das 1995 in Kraft getretene DOCG-Disziplinar verbietet dem Franciacorta-Produzenten die Nennung des Begriffs «Spumante» auf dem Etikett. Hinter dieser Regelung steht die Absicht, Franciacorta für sich alleine stehen zu lassen, als Synonym für Qualitätsschaumwein. So soll die Bezeichnung «Franciacorta» mit dem Territorium in Verbindung gebracht werden, ohne mögliche Verwechslungen mit anderen Schaumweinen. Wer den Franciacorta einen Spumante nennt, verrät sich als Outsider.

Was als Franciacorta auf den Markt kommt, wird lange auf der Hefe ausgebaut.

1995 wurde der Franciacorta in die Topliga der DOCG-Gewächse aufgenommen.

Lediglich 75 Betriebe auf 800 Hektar steht dieses Prädikat zu.

Wer hochwertige Weine erzeugen will, kann auf eine sorgfältige Handernte nicht verzichten.

Gehaltvolle Trauben für komplexe Weine

Vom Typischen des Franciacorta zu sprechen ist schwierig. Einige Eigenschaften, die ihn von anderen Schaumweinen grundsätzlich unterscheiden, gibt es jedoch. Die entscheidende Differenz zum Champagner etwa liegt in der Struktur der Grundweine. Die Franciacorta besitzen in der Regel mehr Körper, mehr Alkohol, mehr Fülle und vor allem eine tiefere Säure. Die Grundweine, die in den «Terre di Franciacorta» auch als Stillweine Verwendung finden, besitzen ein natürliches Gleichgewicht und sind weit weniger aggressiv als anderswo, da das Klima zulässt, den Chardonnay im Zeitpunkt seiner idealen Reife zu lesen. Die Tatsache der besseren Ausreife bringt dem Franciacorta nicht nur eine tiefere Säure und eine ausgeprägtere Struktur, sondern auch die typischen, noblen Aromen der Reife.

Oltrepò Pavese: schlafender Riese

«Oltrepò Pavese» heißt soviel wie «Land von Pavia über dem Po». Aus den sanften Hügeln im Südwesten der Lombardei stammen über die Hälfte der lombardischen Weinerzeugung und zugleich zwei Drittel der DOC-Weine. Dieser potentielle Gigant des italienischen Weinbaus sucht noch immer nach einer klaren Identität.

Das Oltrepò ist die reichste Quelle für Pinot nero und Pinot bianco. Doch beträchtliche Mengen an Traubengut werden an Spumante-Hersteller in anderen Gegenden geliefert, die nur selten einen Hinweis auf die Herkunft des Grundmaterials geben. Auch die geringe Größe der Einzelbesitzungen (1,8 Hektar im Schnitt) und die Dominanz der Winzergenossenschaften waren eher der Quantität als der Qualität förderlich.

Die vielschichtigsten Schaumweine der Lombardei stammen aus der weißen Chardonnay- und der roten Pinot-nero-Traube.

Immer mehr Eigenproduktion

Die Zahl großartiger Schaumweine aus dem Oltrepò wächst. Im Gegensatz zum Franciacorta kann Spumante Oltrepò Pavese DOC sowohl mit der Charmat-Methode als auch mit dem Metodo classico produziert werden. Dafür muss er gemäß Disziplinar mindestens 85 Prozent Pinot nero enthalten, was viele Erzeuger, die den Chardonnay bevorzugen würden, bedauern.

Wein-Typ	★	🍷	🍽[1]	❶
Franciacorta (Spumante) DOCG	★★★–★★★★★★	delikater, komplexer Spumante mit ausgewogener Struktur	Aperitif, Antipasti, helles Fleisch, Fisch, Geflügel	❶–❺
Oltrepò Pavese (Spumante) DOC	★–★★★	fruchtiger, frischer Spumante	Aperitif, Häppchen aller Art, Antipasti	❶–❸

[1] Die idealen Speisen zum Wein: Seiten 56/57

Alto Adige / Trentino

In Süditrol (Alto Adige) und dem Trentino hat der Pergelanbau eine alte Tradition (s. S. 19).

Südtirol blickt auf eine lange Tradition in der Schaumweinherstellung nach dem klassischen Verfahren der Flaschenvergärung zurück. Bereits 1908 taucht der erste Spumante im Katalog der Bozner Weinkost auf. Parallel zur eigenen Produktion betrieb Südtirol immer auch einen schwungvollen Handel mit Sektgrundweinen. Während gewisser Perioden wurden viele Vernatsch-Lagen sogar einzig aus diesem Grund auf weiße Sorten umgestellt. Tatsächlich wachsen in den terrassierten Alpenhängen um Bozen, entlang der Flüsse Etsch und der Eisack, hervorragende Grundweine für die Spumante-Produktion.

Ochsenreiter als Spumante-Vorreiter

Die neuere Geschichte der Südtiroler Schaumweinproduktion ist untrennbar mit der Familie Ochsenreiter und ihrer Kellerei Haderburg verbunden. Als junger Mann beschloss Luis Ochsenreiter, Spumante herzustellen. Dabei musste er sich gegen seinen Vater durchsetzen, der dem gewagten Unterfangen keinen

Kredit gab. 1976 versektete Luis erstmals gewerbsmäßig Grundweine, die er damals noch zukaufen musste. 1985 schließlich kontrollierte er den ganzen Herstellungsprozess – die Chardonnay- und Blauburgundertrauben kamen nun aus eigenem Besitz. Heute kennen seine Schaumweine trotz der massiven Konkurrenz aus den anderen italienischen Regionen keine Absatzschwierigkeiten (s. S. 66).

Europas höchstgelegene Sektkellerei
Eine weitere vorbildliche Sektkellerei ist zweifellos Arunda-Vivaldi (s. S. 67). «Europas höchstgelegene Sektkellerei» lautet der Werbeslogan, mit dem Josef Reiterer auf seinen Betrieb aufmerksam macht. Der aus dem 16. Jahrhundert stammende Keller befindet sich in der Tat auf 1200 Metern Höhe im Dorf Mölten.
Natürlich wachsen hier oben keine Trauben. Josef Reiterer wollte ursprünglich nur Weine veredeln. Dafür standen Grappa oder Schaumweine zur Debatte, und Reiterer entschied sich für Schaumweine mit Flaschengärung. Die Grundweine bezieht er bei den Genossenschaften Terlan und Girlan.
Da Reiterer nach dem Weinbauingenieur-Studium als Vertreter für den Filter- und Apparatebauer Seitz arbeitete, kann ihm kellertechnisch keiner etwas vormachen. Doch auch als Verkoster zählt er zu den besten Nasen Italiens.
Generell lässt sich sagen, dass Südtirol sein Potenzial als Region des Spumante Metodo classico noch nicht voll ausgeschöpft hat. Vielleicht liegt dies daran, dass die Ursprungsbezeichnung Alto Adige Spumante DOC sowohl das Metodo classico- als auch das Charmat-Verfahren zulässt. Die hiesigen Schaumweine stützen sich in der Regel auf Chardonnay, der oftmals mit einem Anteil Pinot nero abgerundet wird.

Erst seit 20 Jahren setzt man sich in Südtirol wieder ernsthaft mit Schaumwein auseinander.

Die neue Produktionsstätte der Genossenschaft in Mezzacorona ist Wallfahrtsort für Spumante- und Architekturliebhaber.

Trentino – das Spumante-Wunder

Die Geschichte des Trentiner Spumante ist untrennbar mit jener der Firma Ferrari verknüpft (s. S. 65). Ferrari begründete nicht nur die Spumante-Tradition, Ferrari führt mit einem Anteil von sechzig Prozent auch mengenmäßig die Schaumwein-Produktion im Trentino an. 1906 begann Giulio Ferrari in Trento seine Weinmacherkarriere. Fünfzig Jahre später, im Jahre 1952, verkaufte der kinderlose Pionier sein Geschäft an Bruno Lunelli, den Inhaber eines Lebensmittelladens in der Stadt. 1969, als Lunelli die Firma seinen drei Söhnen Mauro, Gino und Franco überließ, erzeugte sie bereits 100 000 Flaschen. Heute liegt die jährliche Produktion bei drei Millionen Flaschen. Vor wenigen Jahren weihte man das neue Flaschenlager ein; Kapazität: zwölf Millionen Flaschen.

Spumante-Produzenten auf Überholspur

In den siebziger Jahren setzte im Gefolge der Spumante-Pioniere – Ferrari, Equipe 5, Cesarini Sforza – ein wahrer Spumante-Boom ein und führte zur Gründung zahlreicher, oft in Familienregie geführter, kleiner Schaumweinkellereien. Der Run auf die Bläschen, wenn auch von großem Enthusiasmus begleitet, entwickelte sich ziemlich ungeordnet. Denn abgesehen von den Traubensorten (vorwiegend Chardonnay und Weißburgunder) gab es wenig Gemeinsamkeiten. Ordnung in den Sektor brachte erst die Gründung der Produzentenvereinigung Associazione dei Produttori del Trento Classico im Jahr 1984, ein Zusammenschluss auf freiwilliger Basis, die für ihre Mitglieder in einem Produktionsdisziplinar strenge Regeln festlegte. Für den Grundwein sind nur die Sorten Chardonnay, Pinot nero und Pinot bianco zugelassen und die minimale Lagerzeit beträgt 24 Monate, davon 18 in der

Im Trentino wachsen auf kalkhaltigen Böden Chardonnay, Pinot nero und Pinot bianco.

Flasche auf der Hefe; für die Riserva mit Jahrgangsangabe sind 36 Monate obligatorisch. Kernpunkt der freiwilligen Selbstkontrolle jedoch ist die Begrenzung des Anbaugebietes in einem seriös erarbeiteten Katasterplan: er umfasst 2400 Parzellen mit insgesamt 1200 Hektar in Höhenlagen zwischen 250 und 750 Meter über Meer.

Seit 1993 Trento DOC

1993 wurde dem Spumante Metodo classico (klassische Flaschengärung) der Provinz Trento die kontrollierte Ursprungsbezeichnung Trento DOC zuerkannt. Die neue Bezeichnung übernahm die meisten Punkte der bisherigen Autoreglementierung. Die traditionellen Spumanti konnten sich allerdings mit der Forderung nach einer Reduzierung der Erträge pro Hektar nicht durchsetzen.

Wein-Typ	★	🍷	🍽[1]	➖	❶
Alto Adige DOC	★★–★★★	fruchtiger, frischer Spumante	Aperitif, Trockenfleisch, milder Käse	sofort trinken	❶–❸
Trento DOC	★★★–★★★★★	säurebetonter, zarter Schaumwein	Aperitif, Vorspeisen, Geflügel, Fisch	sofort trinken	❶–❺

[1] Die idealen Speisen zum Wein: Seiten 56/57

Piemont – Heimat des prickelnden Muskatellers

Der Moscato hat sich in den piemontesischen Rebbergen breit gemacht.

Piemont und Schaumwein verbindet man mit der Muskatellerrebe und der Region Asti, obwohl der Moscato d'Asti und der Asti Spumante nicht nur im Astigiano, sondern auch in den Provinzen Cuneo und Alesessandria produziert werden. Nicht immer besaß der aromatische Weiße in diesen Gebieten das Schaumwein-Monopol. Bis in die fünfziger Jahre waren die Weinberge, in denen heute Moscato im Ertrag steht, vorwiegend mit roten Sorten wie Barbera und Dolcetto bestockt.

Früher nahmen die Winzer reife Muskatellertrauben mit nach Hause und hängten sie in einen kühlen, luftigen Raum zum Trocknen. So konnte man an Weihnachten nochmals die süße Ernte genießen, die so herrlich nach Sonne und Sommer schmeckte.

Die erste praktische Anleitung, wie die wonnige Verbindung von Prickeln, Aroma und Süße in die Flasche zu kriegen ist, lieferte vor vierhundert Jahren der Hofjuwelier des Herzogs von Savoyen, Giovan Battista Croce. «Reife Trauben», so schrieb er, «müssen es sein, und sofort abpressen soll man sie, durch grobes Hanftuch den Most fließen lassen und sobald er gären will, hat man ihn abzuziehen und in ein sauberes, kühles Fass umzufüllen.»

Süßer Wein, aber noch kein Schaum

Mit dieser Methode erhielten die Winzer einen süßen, aromatischen Saft mit geringem Alkoholgehalt. Was zum Moscato-Glück noch fehlte, war der Schaum, denn ohne die druckfesten Behälter von heute musste man den größten Teil Kohlensäure zwangsläufig entweichen lassen. Erst im Jahre 1865, als Carlo Gancia mit seinen Erfahrungen aus der Champagne nach Canelli zurückkehrte, wurde die Methode der Flaschengärung erstmals auf den Moscato angewandt.

Anfang dieses Jahrhunderts konnte sich die Spumanteindustrie eines einfacheren Verfahrens für die Schaumweinherstellung bedienen: der sogenannten Charmat-Methode. Dank drucksicherer Großbehälter konnte im Piemont der Asti – ähnlich dem Prosecco im Veneto – industriell erzeugt werden.

Der Asti Spumante erhielt 1994 die DOCG und heißt seither offiziell Asti. Er entsteht heute in sehr großen Mengen: Etwa 600 000 Hektoliter werden jährlich vinifiziert, wobei die großen Firmen wie Martini und Cinzano den Markt klar dominieren. Dies hat die bedauernswerte Folge, dass der Asti meistens eine Mischung von Weinen aus mehreren Quellen ist – mit zum Teil beträchtlichen Qualitätsdifferenzen.

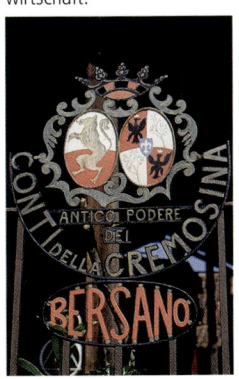

Alteingesessene Produzenten bewegen auch heute noch die Piemonteser Weinwirtschaft.

Vertrauen ist gut, Kontrolle ist besser

Die Mischungen verwischen oft die reizvollen Nuancen der Moscato-Traube, die von den unterschiedlichen Terroirs herrühren. Die Durchschnittsqualität konnte dank der Kontrollen durch die Hersteller selbst und durch das Konsortium in den vergangenen Jahren angehoben werden.

Als Wein mit höherem Alkoholgehalt und geringerer Restsüße als der Moscato d'Asti müsste der Asti eigentlich trockener als jener schmecken. Vielfach ist die Süße aber noch ausgeprägter, weil die üblichen Asti-Qualitäten über weniger kräftige Aroma- und Geschmacksnuancen verfügen als die Moscato-Gewächse. Der Asti ist übrigens ein Exportschlager sondergleichen: Rund drei Viertel der Gesamtproduktion verlassen das Land.

Finessenreicher Moscato d'Asti

Generalisierungen sind gefährlich – im Schaumweinbereich genauso wie anderswo. Doch es lässt sich nicht leugnen, dass beim Moscato d'Asti mehr indivi-

Asti steht nicht nur für einen süßen Schäumer, Asti ist vor allem auch ein prachtvolle historische Stadt.

duelle und attraktive Gewächse zu finden sind als beim Asti Spumante. Durch den frühen Gärstopp hat der Moscato d'Asti einen höheren Restzuckergehalt, weniger Alkohol und weniger Kohlensäuredruck als der Asti. Dieser Perlwein wird im Gegensatz zu den Spumanti nicht mit Zucker angereichert. Doch die entscheidenden Differenzen ergeben sich durch die Produktionsstrukturen. Im Gegensatz zum Asti wurde der Moscato von den kleinen, selbst vermarktenden Winzern adoptiert. Mit rund 3 Millionen jährlich abgefüllten Flaschen ist der Moscato d'Asti in der Regel kein Industrieprodukt, sondern ein in kleinen Auflagen hergestelltes Erzeugnis, das Terroir und Hand des Winzers reflektiert. Der Moscato reagiert übrigens noch empfindlicher auf Lagenunterschiede als beispielsweise ein Rotwein.

Moscato ist nicht alles

Nebst den beschriebenen beiden Klassikern aus Moscato bringt das Piemont aber auch Schaumwein in verwirrender Vielfalt hervor – aus einheimischen Traubensorten wie Brachetto, Cortese, Malvasia, Arneis oder internationalen Varietäten wie Chardonnay und Pinot nero. Häufig stammt das Traubengut aus dem Oltrepò Pavese oder Trentino.
(Hinweise zu Produzenten s. S. 63ff.)

Valentino Migliorini und seine Familie produzieren auf Rocche dei Manzoni einen delikaten Schaumwein metodo classico (s. S. 65).

Wein-Typ	★	🍷	🫒¹	🍾	❶
Asti DOCG Spumante brut	★ – ★★	leichter, lebendiger, erfrischender Spumante	halbsüße Desserts, Panettone	sofort trinken	❶ – ❷
Moscato d'Asti DOCG	★★ – ★★★★	erfrischender Spumante mit wenig Kohlensäure, delikate Aromatik	Obst, Fruchtdesserts, Mandelgebäck	sofort trinken	❶ – ❷
Brachetto d'Acqui DOCG	★ – ★★	roter beeriger Schäumer	Fruchtkuchen, Gebäck	sofort trinken	❶ – ❷

¹ Die idealen Speisen zum Wein: Seiten 56/57

PROSECCO & CO.

Lambrusco – ein Wein schäumt vor Lust

Die Emilia Romagna produziert etwa ein Siebentel aller italienischen Weine. Am bekanntesten ist der Lambrusco, der aus der gleichnamigen Traubensorte gekeltert wird.

Es braucht schon ein rechtes Stück Selbstbewusstsein, einen Rotwein zu vinifizieren, der im Glas wie Champagner sprudelt. An Selbstvertrauen mangelt es den Emiliani glücklicherweise nicht und so ist uns ein Wein erhalten geblieben, der jenseits aller Modeströmungen wie eh und je vergnüglich vor sich hin prickelt. Die herzhafte, erfrischende Art und seine Originalität haben den Schäumer aus der Lambrusco-Traube zum bekanntesten italienischen Wein gemacht. Weil er beliebt ist, wird er auch gerne kopiert. Nicht alles ist der echte Klassiker. Die Emiliani haben es verpasst, Lambrusco als Markenname zu schützen, und so kommt unter «Lambrusco» allerlei in den Handel: Weiß- oder Rotwein, Perl- oder Stillwein, italienische oder südamerikanische Provenienzen, Schäumer mit 5 oder 13 Volumenprozent Alkohol, verpackt in Alubüchsen oder Glasflaschen.

Rot wie die schnellen Ferrari aus Maranello: Lambrusco.

Nur ein kleiner Teil ist amtlich geprüft

Keine zehn Prozent der rund 170 Millionen Liter Lambrusco, die jährlich zwischen Modena und Reggio Emilia produziert werden, gelangen als DOC-Weine in den Handel. DOC-Weine werden vom Consorzio Tutela del Lambrusco auf ihre Typizität und Qualität hin überprüft und mit dem unverkennbaren, roten Siegel gekennzeichnet. Als Emblem haben die Modenesi die imposante Rosette gewählt, die der Fassade ihres Doms das eindrückliche Gepräge verleiht.

Dass der Wein nicht still ist sondern perlt, hat einen einfachen Grund. Die einbrechende Winterkälte unterbindet die Gärung. Ein bisschen Restzucker und Hefe gelangen bei der Abfüllung im Februar in die Flasche. Mit dem Frühlingserwachen kehrt auch das Leben in die Hefen zurück. Sie verwandeln den Zucker in Kohlensäure. Heute wird nur noch ein kleiner Teil nach dieser traditionellen Art gekeltert, die meisten Lambruschi werden im Charmat-Verfahren hergestellt (s. S. 20/21).

Die Bezeichnungen «semi-secco» und «amabile» meinen süßliche bis süße Weine. Sie entstehen, wenn die Gärung unterbrochen wird und mehr oder weniger Restzucker zurückbleibt. Flaschen ohne Präzisierung gehören zur Kategorie «secco», sind also trocken, so wie ihn die Einheimischen am liebsten mögen.

Das rote Siegel am Flaschenhals zeichnet die DOC-Gewächse aus.

In den flachen Rebbergen mit den großen Abständen zwischen den Rebzeilen wird ein maschineller Weinbau betrieben.

Gesunde, reife Trauben sind der Stolz des Winzers und die Basis guter Weine.

Verschiedene Stilrichtungen

Die Rebsorte Lambrusco mit ihrer Vielfalt an Spielarten beherrscht die Ebenen der Emilia, vor allem um Modena und Reggio, wo sie in vier Appellationen die DOC führt.

Als Klassiker gilt die Varietät Lambrusco di Sorbara. Sie wächst in einem Bereich nördlich der Stadt Modena, zu dem auch das Dorf Sorbara gehört. Der säurereichste, überwiegend trockene und hellrote Lambrusco (9 Gramm Gesamtsäure pro Liter!) passt hervorragend zur fettigen lokalen Küche. Etwas moderater, was die Säure betrifft, gibt sich der Lambrusco Salamino di Santa Croce. Er wird rund um das bei Modena liegende Dorf Santa Croce angebaut. Rubinrot und meist trocken, gefällt er durch seine Ausgewogenheit. Weicher und oft mit deutlicher Restsüße (amabile) vinifiziert, fällt der Lambrusco Grasparossa di Castelvetro aus. Der vierte im Bunde, der Reggiano Lambrusco, wächst weiter nördlich, in der Provinz Reggio. Er wird auch als Novello (bereits im November) und weiß gekeltert angeboten.

In Norditalien führen praktisch alle Supermercati Lambrusco DOC als günstigen, volkstümlichen Wein. Der Export hat ebenfalls große Bedeutung. Für den ausländischen Markt ist jedoch vor allem der Preis, nicht die Qualität ausschlaggebend. So ist außerhalb Italiens viel Lambrusco im Verkauf, der mit dem Original bloß den Namen gemeinsam hat. Zur italienischen Küche allerdings passt ein Lambrusco DOC bedeutend besser.

Parmaschinken, Parmesankäse und Lambrusco, die Emilia Romagna bittet zu Tisch.

Wein-Typ	★	🍷	🍽[1]	➖	❶
Lambrusco di Sorbara DOC	★	fruchtiger, säurebetonter Frizzante	Pizza, Tagliatelle bolognesi	rasch trinken	❶
Lambrusco Salamino di Santa Croce DOC	★	beeriger, fruchtiger Schäumer	pikante Vorspeisen, deftige Hauptspeisen	rasch trinken	❶
Lambrusco Reggiano DOC	★	beeriger, fruchtiger Frizzante	wenn trocken zu deftigen Gerichten	rasch trinken	❶

[1] Die idealen Speisen zum Wein: Seiten 56/57

Mittel- und Süditalien: die Outsiders

Von den über 30 DOC-Bereichen, die in Italien für Schaumweine reserviert sind, befindet sich die Mehrheit in Norditalien. Die internationalen Grundsorten für Spumante, Chardonnay und Pinot nero entfalten sich im kühleren norditalienischen Klima am besten. Doch bei den Italienern ist Kohlensäure im Wein allgemein beliebt, sodass sich auch eine gewisse Anzahl mittel- und süditalienischer Produzenten von der Spumante-Welle erfassen ließ, wobei diese Weine erst regionale Bedeutung haben. Eine recht aktive «Szene» gibt es in den Marken, wo der Verdicchio teilweise ganz beachtliche Resultate ergibt. Selbst hervorragende Schaumweine mit Flaschengärung sind darunter, wie die Häuser Colonnara, Garofoli und Zaccagnini immer wieder aufs Neue beweisen.

Bei den renommierten Betrieben der Toskana gehört es längst zum guten Ton, einen Metodo classico im Sortiment zu haben.

Ein eigener Spumante gehört zum guten Ton

Bei den renommierten Betrieben der Toskana gehört es längst zum guten Ton, einen Metodo Classico im Sortiment zu haben. Bekannt sind der Marchese Antinori Riserva, der Frescobaldi Extra brut und der Barone Ricasoli Extra brut. Allerdings stammen die Grundweine für diese Gewächse aus dem Norden. Toskanische Trauben hingegen verwenden zum Beispiel die Fattoria Montellori in Fucecchio und Falchini in San Gimignano.

Im Süden trifft man Schaumwein-Varianten von folgenden DOCs an: Cesanese di Alevano Romano, Colli Albani und Marino (Latium), Greco di Tufo (Kampanien), Locorotondo (Apulien). Regaleali produziert einen feinen Crémant aus Chardonnay- und Blauburgundertrauben, die auf dem sizilianischen Hochland wachsen.

«Talento»: Marketingstrategien der Spumantisti

Seit 1996 liest man auf vielen Schaumweinetiketten den Ausdruck «Talento». Hierbei handelt es sich nicht etwa um ein Prädikat, sondern um den Namen eines Konsortiums norditalienischer Erzeuger von Flaschengärungs-Spumante – des Istituto dello Spumante Classico.

Der Ausgangspunkt war, dass der Begriff «Spumante» ersetzt werden sollte, weil unter diesem Begriff auch viele simple Schäumer in den Handel kommen. Bei der Suche nach dem Namen haben die Spumantisti leider das Thema der gemeinsamen Regeln aus den Augen verloren. Die Talento-Produktionsregeln sind so locker gefasst, dass sie als Visitenkarte kaum brauchbar sind.

Mitglieder eines 1996 gegründeten Konsortiums kennzeichnen ihre Flaschen mit dem Label «Talento». Voraussetzung ist eine Flaschengärung.

21 Jahre hat es gedauert, bis der neue Name gefunden war. Während der Jahre der Identitätsfindung spielten sich viele Veränderungen ab: Die Produzenten im Oltrepò, in Südtirol, im Friaul und im Piemont gründeten Konsortien mit neuen Bezeichnungen. Die Trentiner erhielten für ihre Flaschengärungsspumanti die DOC zugesprochen, ihre Kollegen der Franciacorta gar die DOCG.

Immer mehr Erzeuger verzichten freiwillig auf eine Zusatzbezeichnung wie «Talento»: ein klares Zeichen, dass der neue Name nicht allen passt. Das bedeutungsvollste Nein kommt vom Konsortium der Franciacorta. Eine Entscheidung, die angesichts der DOCG und eines Namens, der bereits ein griffiges Image besitzt, verständlich ist.

Was aus dem Talento in Zukunft werden soll, ist somit höchst unklar.

Die kulinarischen Hochzeiten

Ein Glas Prosecco oder Franciacorta an der Bar, das passt natürlich immer. Doch die italienischen Schäumer sorgen auch bei Tisch für vergnügliche Abwechslung und Stimmung. Den gefüllten Schweinsfuß Zampone ohne einen knochentrockenen Lambrusco zu servieren, kommt einem Sakrileg gleich. So extravagant muss es aber nicht immer sein. Die feinsten Spumanti, meist sehr zurückhaltend mit Süße dosiert, also extra brut, munden zu Fisch und Geflügel gleichermaßen. Und ein süßer Moscato kommt erst mit einem Dessert so richtig zur Geltung…

Auf der Strada del Prosecco zwischen Conegliano und Valdobbiadene wallfahren am Wochenende die Städter. Sie suchen den schmackhaftesten Salame, die feinsten Nudeln und das knusprigste Hähnchen. In jeder guten Osteria oder Trattoria, in jedem Ristorante, das sich der Tradition verpflichtet fühlt, brennt – oft in der Gaststube – ein offenes Feuer, an dem die Speisen zubereitet werden. Die Küche in Veneziens Hinterland lebt von dem, was in der Umgebung wächst und gehalten wird. Und das ist nicht wenig…

Das Essen beginnt mit einem Glas Prosecco
Im Ristorante von Lino in Solighetto hängen die Decken der Gaststuben voller Kupferkessel. In ihnen haben Generationen die Polenta gerührt, damals das Brot der armen Leute. Feines Maismehl oder grobe Bramata, mindestens eine Stunde lang unter ständigem Rühren geköchelt, ist auch heute aus der einheimischen Küche nicht wegzudenken. Die Polenta, begleitet von geschmorten Hühnern oder Kaninchen, Schweins- oder Rinderbraten, verbindet sich mit der

Bei Lino hängt der Himmel voller Kupferkessel.

Zu einfachen, schmackhaften Gerichten passen trockene Schäumer ausgezeichnet.

eingekochten Sauce zu einem Leckerbissen. «Lino ist ein Verführer nach Goldonis Art, der mit seinen Gaumenfreuden den Geist völlig entwaffnet» schrieb der Filmschauspieler Marcello Mastroianni dem leidenschaftlichen Koch ins Gästebuch. Verführer wie Lino – und noch viel häufiger Verführerinnen – sind im Land des Prosecco überall anzutreffen. Ob einfaches, bäuerisch geprägtes Lokal oder gepflegtes Restaurant, es mangelt nicht an lohnenswerten Adressen. Wer zur Zeit die frischesten Steinpilze auf dem dünnsten Nudelteig serviert, das erfährt der Gast am besten am Tresen der Dorfbar. Hier ist er selten allein, denn für die Einheimischen gibt es immer einen Grund für einen Schluck kühlen, prickelnden Prosecco. Ombretta nennen sie das Gläschen zwischendurch, das durchaus appetitanregend wirkt.

Und wenn die Leichtigkeit des Prosecco beginnt, die Sprache zu beflügeln und sich Wohlsein ausbreitet, dann kann es durchaus sein, dass der Wirt von seinem Schwein zu erzählen beginnt – doch eigentlich den Salame meint. Er gehört in den Keller wie die Flasche Grappa in den Küchenschrank. Salumi – unter diesem Begriff fassen die Italiener sämtliche Wurst- und Schinkensorten zusammen, – bedeuten ihnen so viel, dass italienische Schweine wirklich nur unter dem Aspekt ihrer Verwendung zu Schinken und Wurst gehalten werden. Die italienische Wurstkultur verdankt den Venezianern die Sopressa veneta oder Salame nostrano veneto, einen gepressten Salame mit grober Körnung, der bis zu sechs Monaten in dunklen Räumen getrocknet wird. Der Mischung aus magerem und fettem Schweinefleisch wird grob zerstoßener Pfeffer beigegeben, manchmal auch Knoblauch. Man schneidet sie mit dem Messer in dicke Scheiben auf und trinkt dazu einen trockenen Schaumwein.

Nur Fußball ist den Italienern so wichtig wie Essen
Nicht nur im Veneto, in allen Gebieten haben sich Spezialitäten entwickelt, die zu den lokalen Gewächsen hervorragend harmonieren – oder umgekehrt.
Was im Veneto die Polenta, das sind in der Emilia Romagna die Tagliatelle (Eiernudeln). Die berühmte Salsa bolognese mit Hackfleisch und Tomaten hat in Bologna ihren Ursprung. Prickelnder, kühler Lambrusco, trocken, fruchtig und mit kerniger Säure ist dazu ein vorzüglicher Begleiter. Dank seinem relativ niedrigen Alkoholgehalt darf auch getrunken, nicht nur am Glas genippt werden.
Und im Piemont endet kein festliches Essen, ohne dass zum Dessert, zu Gebäck und Creme, ein süßer Moscato serviert wird...

Welche Schaumweine schmecken zu welchen Speisen

Weintypen	Weine
weißer, einfacher trockener Schaumwein	Prosecco Spumante Conegliano-Valdobbiadene DOC, Prosecco Montello e Colli Asolani DOC
weißer, gehaltvoller trockener Schaumwein	Trento DOC, Franciacorta DOCG, Alto Adige DOC
roter, trockener Schaumwein	Lambrusco DOC, Brachetto d'Acqui DOC
elganter, vollmundiger, reifer Schaumwein	Jahrgangsschaumwein Franciacorta DOCG, Trento DOC
liebliche Schaumweine	Prosecco Conegliano-Valdobbiadene Extra Dry DOC, Prosecco Superiore Cartizze DOC
süße aromatische Schaumweine	Asti DOC, Moscato d'Asti DOC

Klassische italienische Küche	Generelle Gerichte
Als Aperitif zu etwas Sopressa (Salame) und Asiago-Käse, zu Oliven, Radicchio rosso di Treviso, zu geröstetem Brot mit Olivenöl und Knoblauch	Zu Salznüsschen, gerösteten Pistazien, Lachsbrötchen und salzigem Aperitifgebäck aller Art, zu Salat
Baccalà alla Trevisana (zu Mus gekochter Stockfisch), Sopa de tripe (Kuttelsuppe), Pasta e fagioli (dicke Suppe mit Bohnen und Teigwaren)	Fisch, Geflügel, dicke Suppen, Spargel
Sopa coada (Suppe mit Brot und Geflügel), Zampone (gefüllter Schweinsfuß), Tagliatelle al ragù, Pizza	Wurstwaren, geräuchtes Fleisch, grilliertes Schweinefleisch
Pollo arrosto (gebratenes Hähnchen), Cozze (Miesmuscheln), frittierter Tintenfisch	Fischgerichte, Geflügel
Gebäck wie Panettone, Colomba, trockenes Mandelgebäck	Süßes Gebäck aller Art, süße Creme, Früchte
Fave dei morti (Gebäck mit Mandeln und Pinienkernen), Zaleti (Gebäck mit Maismehl und Rosinen)	Fruchtsalat, Fruchtkuchen, Nussgebäck

Die schönsten Güter, die besten Weine

In Italien gibt es tausende Produzenten, die ausschließlich oder als Teil ihres Sortiments Spumante in ihrem Angebot anbieten. Ein beachtlicher Teil wird exportiert. Das Sortiment umfasst unzählige Gewächse, vom preiswerten Sprudler bis zum noblen, festlichen Schaumwein. Eine Auswahl empfehlenswerter Hersteller finden Sie auf den folgenden Seiten.

Die Sterne führen zu den qualifizierten Gütern. Meist wird eine Bandbreite der offerierten Qualitäten angegeben. ★–★★★★★ bedeutet, dass das entsprechende Gut vom ehrlichem Alltagswein bis zum feinen Festwein alles erzeugt. Die Preiskategorien sind mit den bereits bekannten Münzsymbolen ❶ – ❺ vermerkt. Was das an Geld bedeutet, sehen Sie auf Seite 29. Alle Weine samt Seitenhinweis finden Sie auch im Index auf Seite 78.

Der Weinratgeber, der ständig aktuell bleibt
Natürlich ändert sich das Angebot ständig, die Qualität der Weine von Jahrgang zu Jahrgang. Um stets aktuell zu bleiben, bedient sich die Vinoteca des Internets. Dort steht eine Website zur Verfügung, die vom internationalen Weinmagazin Vinum unterhalten wird. Sie finden dort Resultate und Kommentare der neuesten Verkostungen: www.vinoteca.falken.de.

Gutschein für aktuelle Weinlisten
Wenn Ihnen das Netz der Netze noch ein Buch mit sieben Siegeln ist, so profitieren Sie vom Gutschein, der diesem Band beiliegt. Damit können Sie direkt bei Vinum kostenlos das aktuellste Verzeichnis mit den Benotungen der Prosecco-Weine anfordern.

VENETO

Da im Anbaugebiet des Prosecco di Conegliano-Valdobbiadene praktisch alle Anbieter etwa dieselbe Produktpalette zu ähnlichen Preisen anbieten, verzichten wir auf eine betriebsbezogene Vergabe von Sternen und eine Zuordnung von Münzen.
Die Preise für den stillen Prosecco liegen um die 10 DM, für einen Frizzante leicht unter 10 DM. Ein Spumante kostet zwischen 10 und 15 DM. Stammt er aus einer besonderen Lage (Cru), erreicht der Preis auch 20 DM. Ein Cartizze ist ab 20 DM zu haben. (zu den Prosecco-Sorten s. S. 33).

Adami, Colbertaldo di Vidor

Die Brüder Armando und Franco Adami, beide mit einem Önologiediplom ausgestattet, vergießen für den Prosecco ihr Herzblut. Hier lässt sich freilich auch mit Freude arbeiten. Der Weinberg namens «Giardino» ist wie ein Amphitheater angelegt: eine Augenweide. Aus den Trauben dieser Lage keltern die Adamis den Cru Giardino Spumante. Eine Attraktion ist der Prosecco sur Lie, der in der Flasche weitergärt. Er wirkt etwas herber und trockener als klassischer Prosecco und passt gut zu Risotto.

Astoria, Refrontolo

Ein 1987 gegründeter, moderner Betrieb, der das ganze Spektrum des venezianischen Weinbaus anzubieten hat. Prosecco macht mit 500 000 Flaschen jährlich den Hauptteil der Produktion aus. Ein Erlebnis ist der Jahrgangs-Prosecco Val de Brun, der an der Vinitaly mit der Goldmedaille ausgezeichnet wurde.

Bellenda, Vittorio Veneto

1987 gründete Sergio Cosmo Bellenda. Inzwischen greifen ihm die Söhne Luigi (als Önologe), Domenico und Umberto unter die Arme – bei 38 Hektar Rebland sicher wertvolle Arbeitskräfte. Bellenda ist exportorientiert: 80 % der Produktion gehen ins Ausland. Zu empfehlen ist der Prosecco brut V.S.Q.P.R.D. mit seiner schön definierten Fruchtnase. Der ideale Begleiter zu Vorspeisen mit Meeresfrüchten.

Bisol, S.Stefano di Valdobbiadene

Einer der ältesten Betriebe in der Umgebung von Valdobbiadene. Die Brüder Bisol legen großen Wert auf die Berücksichtigung der jeweiligen Lagen, was sich zwangsläufig auf die Qualität auswirkt. So erklärt sich auch, dass fast 80 % der Gesamtproduktion an die Gastronomie gehen.
Empfehlung: Prosecco Crede.

Canevel, Valdobbiadene

«Canevel» heißt im hiesigen Dialekt soviel wie «kleines Weingut». Immerhin 10 Hektar umfasst dieser 1979 gegründete Betrieb. Allein der Jahrgangs-Prosecco extra dry lohnt einen Versuch: Apfel, Pfirsich und exotische Früchte in der Nase; elegant im Gaumen, leicht Bittermandeln im Abgang.

Collalto, Susegana

Ein 110 Hektar großes Gut mit dem Schloss San Salvatore aus dem 13. Jahrhundert als Mittelpunkt. Besitzer ist der Fürst Manfredo di Collalto. 250 000 Flaschen Prosecco werden jährlich abgefüllt. Schön ist der Prosecco di Conegliano extra dry mit

seiner feinen Perlage und einer delikaten, komplexen Nase. Einen etwas internationaleren Charakter besitzt der Chardonnay brut.

Colli del Soligo, Solighetto

Diese Genossenschaft befindet sich zwischen Conegliano und Valdobbiadene und vinifiziert die Trauben von 700 Winzern, die insgesamt 250 Hektar Rebland bearbeiten.
Die Exportquote ist mit 40 % relativ hoch. «Flaggschiff» unter den Spumanti ist zweifellos der harmonische Prosecco Conegliano-Valdobbiadene.

Col Vetoraz, S. Stefano di Valdobbiadene

Col Vetoraz heißt der Hügel, auf dem das 12 Hektar große, gleichnamige Gut steht.
Bemerkenswert ist die Anzahl der alten, ertragsarmen Reben. Überhaupt ist der Betrieb vorbildlich, was die Arbeit im Rebberg anbelangt. Ein besonderes Augenmerk gilt dem biologischen Gleichgewicht der Reben – dementsprechend bleibt der Chemieeinsatz auf einem niedrigen Level. Tipp: Prosecco extra dry.

Frozza, Colbertaldo di Vidor

7 Hektar umfasst dieser auf Prosecco spezialisierte Betrieb, welcher von 9 Angehörigen der Familien Ivo und Piero Frozza geleitet wird. Die Hälfte der Produktion wird in Korbflaschen verkauft, die andere Hälfte in Flaschen abgefüllt. Der Col dell'Orso extra dry besticht durch eine fruchtig-florale Nase und einen kraftvollen Charakter im Gaumen.

Il Colle, San Pietro di Feletto

Dieser Betrieb befindet sich inmitten der Prosecco-Zone und existiert seit 1977. Sämtliche Perl- und Schaumweine werden nach der Charmat-Methode durch Zweitgärung in druckdichten Tanks hergestellt. Bemerkenswert ist der Prosecco Cartizze extra dry mit seinem herrlichen Pfirsich- und Apfelduft. Sehr schön auch der Marzemino Spumante mit seinem Duft nach Wildbrombeeren und dem Sauerkirschengeschmack.

La Gioiosa/Villa Sandi

Crocetta. La Gioiosa, Villa Sandi, Casa Gheller: vier Namen für zwei Betriebe, die eine zusammengehörige Einheit in Crocetta del Montello, am Rande des Prosecco-Gebietes, bilden. In langen Grotten unter der prachtvollen Villa Sandi reift der flaschenvergorene Opere Trevigiane heran. Der Betrieb erregte mit der Cooler-Flasche Glaxa Aufsehen. Sie erlaubt es, den Prosecco frizzante und spumante während einer Mahlzeit frisch gekühlt zu trinken.

La Marca, Oderzo

Eine Kooperative mit enormen Produktionskapazitäten, die wie viele andere in der Region mehr als die Hälfte ihrer Gewächse exportiert. Die meisten Genossenschafter bearbeiten ihre Rebberge in der Zone Marca, wobei der Prosecco hauptsächlich auf den Hügellagen wächst. Nebst einem beschwingten Prosecco extra dry bietet das Haus auch einen intensiv duftenden Spumante brut aus Pinot und Chardonnay an.

Le Manzane, Bagnolo

Die 20 Hektar Reben dieses Hauses stehen in einer hügeligen Gegend namens Manzane und erstrecken sich von Tarzo nach Conegliano. Der Inhaber Ermesio Balbio arbeitet bei der Aufzucht neuer Stöcke direkt mit dem Weinbauzentrum von Conegliano zusammen. Der Prosecco Frizzante ist ein typischer Vertreter seiner Gattung und passt ausgezeichnet zu Fischvorspeisen oder Suppen.

Maschio, Vazzola

Der Riesenbetrieb Maschio wurde von der gleichnamigen Gründerfamilie als Grappa-Brennerei begonnen. Auch heute noch ist die Firma eine der wichtigsten Distillerien des Grappa del Piave. Später erweiterte man das Angebot um Schaum- und Stillweine. Der Betrieb füllt jährlich über 700 000 Flaschen technisch einwandfreien, gefälligen Prosecco ab. Keine Spitzen-Kreszenzen, aber ehrliche, konstante Qualitäten.

Masottina, Conegliano

Ein 20 Hektar grosses Gut, das vor kurzem einer Totalrenovation unterzogen wurde. Die meisten Reben stehen an besten Hügellagen um Conegliano. Das 1948 gegründete Gut exportiert 55% der Gesamtproduktion, wobei jährlich 700 000 Flaschen Prosecco hergestellt werden. Nebst Prosecco vinifiziert Masottina auch einen Pinot brut und einen Pinot Chardonnay brut.

Mionetto, Valdobbiadene

Ein 1887 gegründetes Traditionshaus mit einer jährlichen Prosecco-Produktion von rund 3 Mio. Flaschen. Das Angebot umfasst nicht weniger als 14 Schaumweine. Besonders empfehlenswert ist der Spumante Sergio extra dry, benannt nach dem Önologen Sergio Mionetto. Ein Schaumwein, der sich durch seine Beschwingtheit und eine feine Perlage auszeichnet. Schön auch der Prosecco Cartizze mit seiner subtilen, fruchtigen Nase.

Perlage, Soligo

Dieser ökologische Musterbetrieb liegt an der Prosecco-Weinstrasse und umfasst 20 Hektar. Im Jahre 1981 bereits führten die Geschwister Nardi hier den biologischen Anbau ein. Seit 1993 kontrolliert Demeter Italien die Arbeit bei Perlage. Der Prosecco wird sowohl in der perlenden wie auch in der schäumenden Version angeboten.

San Giovanni, Conegliano

Ein sympathisches, 5 Hektar kleines Gut, das sich auf Prosecco spezialisiert hat. Der Inhaber Giovanni Perini wird von seiner Frau Bernadette und den Kindern Alberto und Paola tatkräftig unterstützt. Das Angebot beinhaltet drei Prosecco-Typen: einen brut, einen extra dry sowie den frizzante. Die Gesamtproduktion beläuft sich auf 55 000 Flaschen.

Weitere empfehlenswerte Güter:
Adamo Canel, Col San Martino
Agostinetto, Valdobbiadene
Bernardi Pietro, Collalto di Susegana
Bevacqua di Panigai Rambaldo, Farra di Soligo
Bortolin Angelo, Guia di Valdobbiadene
Bortolin Spumanti, S. Stefano di Valdobbiadene
Buffon Giorgio, Castello Roganzuolo
Buosi Paolo, Refrontolo
Ca' Salina, S. Stefano
Campion, S. Giovanni di Valdobbiadene
Canella, S. Donà di Piave
Carpene & Malvolti, Conegliano
Casa Bianca, Venegazzù
Cepol, Valdobbiadene
Ceschin Giulio, S. Pietro di Feletto
Dal Din, Vidor
De Eto Bepin, S. Pietro di Feletto
Follador Vittorio, S. Stefano di Valdobbiadene
Foss Marai, Guia di Valdobbiadene
Franco Nino, Valdobbiadene
Gregoletto, Premaor
La Farra, Farra di Soligo
La Riva dei Frati, Cornuda
Le Colture, S. Stefano di Valdobbiadene
Loggia del Colle Az Carmina, Conegliano
Lucchetta Marcello, Conegliano
Maschio, S. Pietro di Feletto
Merotto, Farra di Soligo
Miotto, Valdobbiadene
Mongarda, Col S. Martino
Montesel, Colfosco
Produttori di Valdobbiadene, Valdobbiadene
Roccat, Valdobbiadene
Ruggeri, Valdobbiadene
Sorelle Bronca, Vidor
Tanorè, S. Pietro di Barbozza
Toffoli Vincenzo, Refrontolo
Valdo, Valdobbiadene
WISCO, Crocetta del Montello

PIEMONTE

Bera ★★–★★★
Fratelli Bera, Neviglie.
Ein Familienbetrieb, der etwa 100 000 Flaschen jährlich abfüllt. Die Liebe der Beras gilt den Rotweinen, doch die Stärke des Betriebs zeigt sich wohl eher bei den Schaumweinen. Der Lagen-Moscato d'Asti Su Reimond ❷ weist ein phänomenales Preis-Leistungs-Verhältnis auf. Er betört den Genießer mit zarter, aber weit ausholender Nase, schöner Würze und langem Finale. Der Spumante Bera brut ❸ mit dem facettenreichen Duft aus Birnen, Haselnüssen und Brotrinde ist ebenfalls nicht zu verachten.

Caudrina ★★–★★★★
Caudrina, Castiglione Tinella.
Einerseits Präsident des Konsortiums für den Moscato d'Asti, andererseits Winzer, und das mehr als nur halbherzig. Romano Dogliotti bringt beides in seinem Leben unter. Seine Moscato d'Asti – La Caudrina und La Galeisa – gehören seit Jahren zu den Besten ihrer Typologie. La Caudrina ❷ legt eine erstaunliche Persistenz in Nase und Gaumen an den Tag. Der Galeisa ❷ zeigt Düfte von Salbei und Zitrusfrüchten, wirkt im Gaumen zu Beginn lieblich und schließt mit einer einnehmend bitteren Note.

Contratto ★–★★★★
Contratto, Canelli.

Seit 1996 leiten die Geschwister Antonella und Carlo Bocchino gemeinsam mit dem Techniker Giancarlo Scaglione das Haus Contratto und beweisen bis anhin eine glückliche Hand. Contratto wandelt weiterhin auf der Schaumweinstraße, präsentiert aber regelmäßig auch neue Kreationen im Stillweinbereich. Relativ neu ist auch der Asti De Miranda ❸, ein nach klassischer Methode vinifizierter Jahrgangs-Moscato, ein Wein mit viel Charakter, der seine Lieblichkeit mit einer präsenten Säure in Schach hält. Ein weiterer beispielhafter Jahrgangs-Spumante ist die Riserva Giuseppe Contratto ❹, die mit Fülle, Finesse und Tiefe aufwartet.

Coppo ★–★★★★
Luigi Coppo & Figli, Canelli.
Die Brüder Coppo glaubten seit jeher an den Barbera d'Asti und vinifizieren ihn daher mit unterschiedlichsten Persönlichkeitsprofilen. Trotz bereits vorzüglicher Resultate pröbeln sie unbeirrt weiter, vor allem mit dem Einsatz von Holz. Vom unentwegten Feilen und Experimentieren profitieren offensichtlich auch die Spumanti. Stolz darf das Winzerduo auf den Metodo classico Riserva Coppo ❹ sein. Hierbei handelt es sich um eine Assemblage aus in der Barrique vergorenem Pinot nero und Chardonnay, der einen frischen, strukturierten, anhaltenden Geschmack entfaltet.

Fontanafredda ★★–★★★★
Fontanafredda, Serralunga d'Alba.

Für seine breite Weinpalette, in der fast alles vertreten ist, was die piemontesischen Rebberge hergeben, vinifiziert Fontanafredda die Trauben von 600 Winzern der Region. Das Haus ist in erster Linie für seine Lagen-Baroli bekannt, hat aber auch im Bereich des Schaumweins einiges zu bieten. Der zarte Spumante Gattinera brut ❹ etwa besticht durch eine elegante Struktur und ein frisches Finale. Sehr überzeugend sind auch der Moscato d'Asti Le Fronde ❷ sowie der lebhafte Spumante Blanc de Blancs ❸.

Gancia ★★–★★★★
Gancia, Canelli.

Schaumweine bilden bei Gancia bereits seit der Mitte des 19. Jahrhunderts das Zentrum der Aktivitäten, wobei die méthode champenoise schon früh angewandt wurde. Heute ist der Betrieb mit einem Jahresausstoß von 15 Millionen Flaschen einer der größten in Italien überhaupt. Der Elite-Spumante ist die Grande Cuvée Mon Riserva ❺ aus Chardonnay. Sie beeindruckt durch anregende Nuss- und Gewürzaromen. Doch auch für wenig Geld kriegt man bei Gancia viel geboten: Sowohl der Asti Spumante ❷ wie auch der Spumante brut Il Castello ❷ oder der Spumante rosso ❷ dokumentieren Gancias perfektes Know-how.

La Spinetta ★★–★★★★★
La Spinetta, Castagnole Lanze.
La Spinetta gehört zum erlesenen Kreis derjenigen Güter, die sich bei den Verkostungen für die Weinfibel Gambero Rosso regelmäßig Höchstbewertungen holen. Der Monferrato Rosso Pin ❹, eine Assemblage aus Nebbiolo, Barbera und Cabernet, ist der große Stolz des Hauses. Doch nach wie vor nimmt der Moscato den Hauptteil der Produktion ein. Im Bereich der Schaumweine kann La Spinetta mit dem Bricco Quaglia ❸ aufwarten, einem der besten Moscato d'Asti der ganzen DOC-Zone. Auch die Moscato d'Asti Lapasot ❷ und S. Rumu ❷ werden zweifellos viele Freunde gewinnen können.

Martini & Rossi ★–★★★★

Der nobelste Schaumwein aus diesem traditionsreichen Haus, das in erster Linie für seinen Aperitif bekannt ist, heißt Montelera brut Riserva. Es ist ein Verschnitt aus 60 Prozent Pinot nero und 40 Prozent Pinot bianco. 48 Monate lang reift dieser Spumante auf der Hefe ❹. Ein gutes Renommee genießt auch der Asti. Mehrere Millionen Flaschen werden davon jährlich abgefüllt. Die Trauben stammen vorwiegend aus den Rebbergen von Santo Stefano Belbo ❷.

Rocche dei Manzoni ★★–★★★★★★
Podere Rocche dei Manzoni, Monforte d'Alba.

Seit Mitte der neunziger Jahre sorgt Valentino Migliorini, der joviale Inhaber von Rocche dei Manzoni, für Furore bei den Spumante-Spezialisten Italiens. Der Jahrgangs-Schaumwein Valentino Brut Zero ❹ schlug damals ein wie eine Bombe und hat sich in der Zwischenzeit eher noch verbessert. Dieser Spumante aus in der Barrique gereiftem Chardonnay besitzt ein ganz eigenes Profil, das sich nur schwer mit den Spitzen-Spumanti im Trentino oder in der Lombardei vergleichen lässt. Ein sehr runder Ansatz, viel Kraft, deutliche Holznoten und ein guter Abgang charakterisieren den Valentino. Der Spumante Riserva Elena brut ❸ aus Pinot nero und Chardonnay zeigt sich eine Spur weniger fein.

Saracco ★–★★★★
Paolo Saracco, Castiglione Tinella.
Paolo Saracco setzt vor allem auf den Moscato d'Asti, und seine Erfolge geben ihm Recht. Seine Schaumweine aus Muskateller belegen seit langem schon immer wieder die obersten Ränge an Vergleichsdegustationen. Der «normale» Moscato d'Asti ❷ brilliert durch seine Frische und Süffigkeit, während sich der Moscato d'Asti d'Autunno ❷ durch mehr Komplexität und einen dichteren Körper auszeichnet. Beide Gewächse packen den Aromaschatz der Traube vorbildlich aus.

ALTO ADIGE/TRENTINO

Cavit ★–★★★★
Cavit, Trento.

Mit etwa 6 000 angeschlossenen Winzern ist diese Kooperative ein Unternehmen von kolossalen Ausmaßen. Unbestreitbar sind aber auch viele Weine der Cavit von großem Stil – zumal die Schaumweine. Der Trento Graal brut Riserva ❸ entfesselt mit kraftvoller Eleganz seine Perlage, die von einer entwickelten Fruchtigkeit, Finesse und einer erstaunlichen Komplexität im Abgang begleitet wird. Der Trento brut Firmato ❸ brilliert durch verführerisches Raffinement.

Cesarini Sforza ★–★★★★
Cesarini Sforza, Trento.
Ebenfalls in Trient produzieren Lamberto und sein Sohn Filippo Cesarini Sforza seit Jahren hochwertigen Spumante. Ein feines Aroma, gekoppelt mit einem füllingen Geschmack, bietet der typische Brut Riserva ❸. Der Brut Riserva dei Conti ❸ überzeugt durch eine feine Perlage, begleitet von einem charakteristischen Aromapaket mit ausgewogenen Hefenoten und einer fleischigen Konsistenz. Eher auf der spritzigen, schlanken Seite bewegt sich der reinsortige Chardonnay Blanc de Blancs ❸.

Dorigati ★–★★★
Fratelli Dorigati, Mezzacorona.
Die Brüder Franco und Carlo Dorigati setzen in erster Linie auf ein sorgfältig ausgewähltes Grundmaterial, dem dann eine Kellertechnik folgt, die vor allem den Sortencharakter der Trauben betont. Diese Konzeption lässt sich nicht nur an den ausgezeichneten Stillweinen ablesen, sondern auch am Jahrgangs-Spumante Trento Methius ❹, dessen Konstanz und Zuverlässigkeit im Trentino fast sprichwörtlich ist.

Ferrari ★★–★★★★★★
Ferrari, Trento.

Die Brüder Lunelli sind vielleicht die meistkopierten «Schaumschläger» Italiens. Trotzdem machen sie unermüdlich weiter. Inzwischen haben sie mit ihrer auch von der Vielfalt her hochkarätigen Produktion niemanden mehr zu fürchten. Die Riserva Giulio Ferrari ❺ stellt seit jeher die Messlatte für Italiens Spumante-Hersteller dar, die sich aber auch den Trento brut Perlé ❸, den Trento Ferrari Incontri ❷ oder den Trento Maximum brut ❸ zum Vorbild nehmen können. Gemeinsamkeit dieser Kreszenzen: reiche Fruchttöne vor einem blumigen Hintergrund, weiniger Akzent, der die Mariage mit vielen Speisen erlaubt.

Haderburg ★–★★★
Haderburg, Salorno.
Mit ebenso kritischem wie innovationsfreudigem Geist geht Luis Ochsenreiter oberhalb von Salurn weiterhin seinen Weg. Ochsenreiter war 1976 der erste, der in Südtirol Schaumweine nach dem klassischen Champagnerverfahren in den Handel brachte. Und seither begeistert er die Weinwelt immer wieder mit dem Spumante Pas Dosé: Ein Gewächs mit gefälligem Körper, in dem ein zugleich frischer und reifer Charakter ruht.

Kössler ★–★★★
Kössler – Praeclarus, San Paolo Appiano.

Diese Kellerei gehört zu den wenigen in Südtirol, die ausgezeichnete Spumanti ebenso anbieten wie Rotweine, die keinen Vergleich scheuen müssen. Spitzenreiter unter den Schaumweinen ist der Praeclarus Noblesse ❹. Der aus Chardonnay und Pinot nero assemblierte Jahrgangs-Spumante zeichnet sich in guten Jahren durch sehr feinen Schaum, Ausgewogenheit, viel Kraft und Eleganz aus. Die Produktion beläuft sich auf wenig mehr als 1000 Flaschen. Deren 50 000 jährlich werden hingegen vom Praeclarus brut ❸ (Chardonnay, Pinot bianco und Pinot nero) abgefüllt. Wegen seiner Zuverlässigkeit gilt dieser Spumante als Maßstab in seiner Preisklasse.

Letrari ★–★★★★
Letrari, Nogaredo.

Bei Letrari gibt der erfahrene Vater Lionello die Richtung vor und seine passionierte Tochter Lucia bemüht sich um eine akkurate Umsetzung. Bekannt ist das Haus Letrari vor allem für den wunderschönen Moscato Rosa ❹, der auf dem besten Wege ist, zum unsterblichen Klassiker zu werden. Leider ist diese Kreszenz nur in beschränktem Maße zu haben. Doch Lionello Letrari gilt auch als Wegbereiter der Spumante-Produktion im Trentino und vinifiziert mithin einen köstlichen Spumante Metodo classico Riserva ❹ und einen Trento classico brut ❸ mit gutem Preis-Leistungs-Verhältnis.

MezzaCorona ★–★★★★
MezzaCorona, Mezzacorona.

1998 wurde die spektakuläre neue Produktionsstätte von Mezza Corona eröffnet: ein hochmoderner, imposanter Bau, der in Rekordzeit errichtet und schon mehrfach als gelungenes Beispiel zeitgenössischer Kellereiarchitektur gewürdigt wurde. Die Unternehmensphilosophie – Qualität bei maximaler Produktivität – bleibt davon jedoch unberührt. Jahr für Jahr beweisen die Gewächse des Teams um Fabio Rizzoli, der diese Winzergenossenschaft mit fast 1000 Mitgliedern leitet, einen vorzüglichen Standard. Dies dokumentieren nicht zuletzt der Trento Rotari brut Riserva ❸ und der Spumante Metodo Classico Rotari Riserva ❸.

Pojer & Sandri ★–★★★★
Pojer & Sandri, Faedo.

1997 gelang den dynamischen Bergwinzern Mario Pojer und Fiorentino Sandri die Krönung ihrer Laufbahn. Erstmals wurden sie mit ihrem Paradepferd Rosso Faje ❺

(Cabernet Sauvignon, Cabernet Franc, Merlot und Lagrein) vom Gambero Rosso mit den begehrten drei Gläsern ausgezeichnet. Doch auch im Schaumweinbereich haben die beiden Topproduzenten gute Qualitäten anzubieten. Die Cuvée Extra brut ❸ aus Chardonnay und Pinot nero ist eine Assemblage aus zwei Jahrgängen und wartet im Idealfall mit einer guten Substanz und Tiefe und einer schönen Länge auf.

Vivaldi – Arunda ★–★★★★
Vivaldi – Arunda, Meltina.

Die Gewächse dieses Betriebs werden in Italien unter dem Namen Vivaldi, von Südtirol an nordwärts aber unter der Bezeichnung Arunda vertrieben. Besitzer, Kellermeister und Seele des Betriebs in einem ist Joseph Reiterer. Ob Spumante brut Vivaldi ❹, Vivaldi Cuvée Marianna extra brut Riserva ❹ oder Vivaldi extra brut Riserva ❺ – die Erzeugnisse dokumentieren, dass Reiterer ein Meister seines Fachs ist. Seine Schaumweine zeichnen sich vielfach durch etwas männliche, kantige Seiten aus.

EMILIA ROMAGNA

Barbolini ★–★★
Barbolini, Casinalbo di Formigine.
Anna Barbolini und ihr Ehemann Mauro Buffagni haben sich dem Lambrusco in seinen verschiedenen Ausführungen in der Gegend von Modena verschrieben. Eine konstant gute Machart beweist der Maglio ❶, ein lebendiger, heiterer Frizzante. Ebenfalls ein sicherer Wert ist der Lambrusco di Sorbara ❶. Der Lambrusco Grasparossa dolce ❷ verströmt einen verführerischen Duft nach reifen Früchten, wird aber leider nur in wenigen Flaschen hergestellt.

Casali ★–★★★
Casali, Scandiano.
Hier auf den ersten Ausläufern des Appennino Reggiano, werden Lambrusco und Sauvignon traditionsgemäß zu Perlweinen verarbeitet. So führt auch das Haus Casali einen Spumante aus Sauvignon (Metodo tradizionale) den Ca' Besina ❸. Der viel bewunderte Vorzeige-Lambrusco des Betriebs (ebenfalls nach Metodo classico) heißt Roggio del Pradello ❷ und ist ein gut strukturierter, kraftvoller, reichhaltiger Wein. Ebenfalls zu empfehlen: der Lambrusco Reggiano Bosco del Fracasso ❷ eine milde und leichte Ergänzung zum Pradello.

Francesco Bellei ★–★★★★
Francesco Bellei, Bomporte.
Die Sektleidenschaft des Inhabers Giuseppe Bellei ist legendär. Seine häufigen Besuche in Frankreich, die gesammelten Erfahrungen bei Moët und die zahlreichen Freundschaften mit Technikern jenseits der Alpen ließen ihn zu einer Koryphäe werden, deren Erzeugnisse mittlerweile an den besten Tafeln Italiens sprudeln. Der mit natürlicher Flaschengärung hergestellte, intensiv duftende Lambrusco di Sorbara ❷ ist immer ein sicherer Wert. Die Jahrgangs-Spumanti aus Pinot nero und Chardonnay (Extra Cuvée brut ❸ und Cuvée Speciale ❹) gehören zu den herausragenden Schaumweinen der Emilia Romagna.

Rinaldo Rinaldini ★–★★★
Rinaldo Rinaldini, S. Ilario d'Enza.
Rinaldo Rinaldini macht es sich nicht leicht. Bei der Produktion seiner Spumanti zieht er den Metodo classico den bequemen, modernen Drucktanks vor. Der erstaunlich konzentrierte Lambrusco Spumante Pjcoll Ross ❷ mit seinen ausgeprägten Frucht- und Ledernoten gehört seit vielen Jahren zu den besten roten Perlweinen aus der Emilia Romagna. Auch der Lambrusco Reggiano ❶ kann mit einem leidlich langem Abgang überzeugen. Ebenfalls zu empfehlen: der runde, weiche Spumante Rinaldo brut aus Chardonnay ❷.

Umberto Cavicchioli ★–★★★

Umberto Cavicchioli, S. Prospero.
Seit mehreren Jahren ist diese Kellerei ein Vorzeigebetrieb dafür, dass sich auf der einen Seite große Mengen sauberer Weine produzieren lassen, auf der anderen Seite aber auch Qualitätsprodukte von den besseren Weinbergen. Im Lambrusco di Modena ❶ fließen vier verschiedene Lambruscosorten als Auslese der besten Trauben verschiedenster Anbauzonen. Ein einfaches, aber elegant wirkendes Gewächs, das erstmals 1996 kommerzialisiert wurde. Der traditionelle Lambrusco von Cavicchioli heißt Sorbara Vigna del Christo ❶: Immer von guter Machart, weist er ein gutes Duftgefüge und eine anziehende Frische auf.

LOMBARDIA

Bellavista ★★–★★★★★★

Bellavista, Erbusco.
Eins ums andere Jahr heimst der Betrieb von Vittorio Moretti und Mattia Vezzola (dem Önologen) eine Unzahl Bicchieri (Gläser als Qualitätssymbole) in der italienischen Weinfibel Gambero Rosso ein. Ob Franciacorta Gran Cuvée Pas Opéré ❹ (ohne Zuckerdosage), Gran Cuvée Satèn ❹, Extra brut Vittorio Moretti Riserva ❺ oder Gran Cuvée brut ❹ – es sind dies ausnahmslos herausragende Ambassadoren des italienischen Schaumweins. Dank solcher Kreszenzen gilt Bellavista als schärfster Rivale von Ca' del Bosco.

Berlucchi ★–★★★

Guido Berlucchi & Co.
Berlucchi ist in Italien praktisch ein Synonym für Spumante, der nach der klassischen Champagnermethode hergestellt wird. Aus der Freundesclique, die Anfang der 60er Jahre zusammengekommen war, um in der Franciacorta die hauseigenen Sektkorken knallen zu lassen, ist längst ein internationales Unternehmen geworden. Weil für das heutige Flaschenheer die Ernte aus den eigenen Weinbergen nie ausreichen würde, hat man sich entschlossen, auf die DOC zu verzichten und in anderen Spumante-Regionen die besten Trauben aufzukaufen. Eine Ausnahme bildet der Jahrgangs-Franciacorta Antiche Cantine Fratta brut ❸, für den nur Trauben aus eigenen Parzellen zum Zuge kommen: feine Perlage, fruchtig, frisch, strukturiert.

Ca' del Bosco ★★–★★★★★★

Ca' del Bosco, Erbusco.

Auch Ca' del Bosco gehört zu den Häusern der Franciacorta, die einen Vergleich mit den Champagner-Herstellern nicht zu scheuen brauchen. Ein großer Teil des Erfolgs ist auf Maurizio Zanella zurückzuführen, der mit einem kleinen Weinberg hinter dem Landhaus seiner Familie begann und minutiöse Detailarbeit geleistet hat. Die Cuvée Annamaria Clementi ❺ aus Chardonnay, Pinot bianco und Pinot nero ist vielleicht das herausragende Gewächs des Betriebs. Doch auch der Franciacorta brut Satèn ❺ aus Chardonnay und Pinot bianco gehört auf den italienischen Spumante-Olymp. Dass köstlicher Schaumwein auch bezahlbar sein kann, beweist der Franciacorta brut ❹.

Castellino ★–★★★★

Tenuta Castellina, Coccaglio
Im natürlichen Amphitheater der Hänge vom Monte Orfano besitzt die Familie Bonomi rund 15 Hektar Reben. Das Kellereigebäude sieht wie eine kleine Burg aus – daher der Name. Hauptsorte ist der Chardonnay, der auf den hiesigen kalkreichen Böden ausgezeichnete Resultate ergibt. Wie viele andere Produzenten der Franciacorta bedienen sich auch die Bonomis der technischen Beratung des Cesare Ferrari. Unter den Schaumweinen überzeugte in der jüngeren Vergangenheit am meisten der Jahrgangs-Spumante Satèn ❹. Begeisternd ist aber auch der Jahrgangs-Franciacorta brut ❹, ebenso wie der nicht minder zuverlässige, «gewöhnliche» Franciacorta brut ❸.

Cavalleri ★–★★★★
Cavalleri, Erbusco.

Cavalleri ist eines der traditionsreichen Güter in der Franciacorta und hat maßgeblich zum Aufstieg der Region im Schaumweinbereich beigetragen. Das Anwesen besticht durch die gelungene Architektur, was beweist, wie sehr man sich in diesem Betrieb für Geschichte und gewachsene Traditionen interessiert. Fein, elegant, cremig ist der Franciacorta Nondosato ❹; der Brut Blanc de Blancs ❸ aus Chardonnay glänzt durch eine überwältigende Länge; bezahlbar und dennoch von grosser Klasse ist der Franciacorta brut ❸.

Cola ★–★★★★
Cola, Adro.
Mitte der achtziger Jahre übernahm Battista Cola die Weinberge auf dem Monte Alto in Adro von seinem Vater. Nach und nach hat er neue Pflanzungen angelegt, die Kellerei modernisiert und schließlich am Charakter seiner Weine gefeilt. Inzwischen hilft ihm sein Sohn Stefano aus. Die Ergebnisse der Hingabe lassen sich sehen. Aus dem delikat aromatischen Geschmack des Franciacorta brut ❸ und des Franciacorta extra brut ❸ sprechen Frische, Harmonie und eine gute Struktur.

Guarischi ★–★★★★
Guarischi, Cazzago S. Martino.
Guarischi ist sicherlich eine der Perlen im Schmuckkästchen Franciacorta. Die Familie vinifiziert ihre Gewächse in der Kellerei der Residenz, die die Grafen Maggi im 17. Jahrhundert erbauten. Die technische Leitung des Betriebs hat Gian Carlo Guarischi dem Fachmann Massimo Azzolini übertragen, der ein attraktives, breit gefächertes Programm auf die Beine gestellt hat. An der Spitze der Schaumweinhierarchie steht der Jahrgangs-Franciacorta brut Selezione ❹ mit seiner wunderschönen Schaumkrone und dem frischen, komplexen Geschmack. Der etwas preiswertere, zuverlässige Franciacorta brut ❸ besticht durch eine gute Struktur und viel Frische.

La Montina ★★–★★★★
La Montina, Monticelli Brusati.
Die Macher von La Montina gehören ohne Zweifel zu den großen Weinkünstlern der Franciacorta. Seit einigen Jahren liefert das Haus mit seinen Still- und Schaumweinen eine solche Glanzvorstellung ab, dass es sehr schnell in die önologische Hitparade vorstieß. Der Crémant ❸ begeistert durch seinen weichen, zugleich intensiven Duft und dem cremig-fruchtigen Geschmack. Viel Eleganz und Konzentration zeigt auch der Extra brut ❸. Selbst der «einfachere» Franciacorta brut ❷ setzt durch seine Frische und Nachhaltigkeit Maßstäbe.

Lantieri de Paratico ★–★★★★
Lantieri de Paratico, Capriolo.
Giancarlo Lantieri de Paratico gehört zu den Spumante-Pionieren in Franciacorta. Seine Weinberge in den Gemeinden Adro und Capriolo genießen ein besonders günstiges Mikroklima. Als technischer Berater fungiert Cesare Ferrari, der eine breite Palette an Schaum- und Stillweinen zusammengestellt hat. Der Geschmack des Jahrgangs-Franciacorta brut ❸ wirkt voll, strukturreich und nachhaltig. Ähnliche Eigenschaften finden sich im Franciacorta Extra brut ❸ wieder, der vielleicht etwas weicher ist. Von exemplarischer Korrektheit, wenn nicht ganz so komplex, ist der «gewöhnliche» Brut ❸.

Monte Rossa ★★–★★★★
Monte Rossa, Cazzago S. Martino.
Paolo Rabotti und seine Frau Paola Rovetta haben eines der besten Weingüter der Franciacorta aufgebaut. Unterstützt werden sie von Sohn Emanuele, der für die Produktion verantwortlich ist und sich auf die fachkundige Beratung von Cesare Ferrari stützen kann. Der Franciacorta brut Satèn ❹ glänzt mit einem frischen und persistenten Geschmack. Der Jahrgangs-Franciacorta Extra brut ❹ profiliert sich mit einem höchst komplexen Bukett und einem ausgewogenen und strukturierten Geschmack. Zu den besten in seiner Preisklasse zählt auch der «einfache» Brut ❸.

Uberti ★–★★★★★
Uberti, Erbusco.
Der anhaltende Erfolg der Winzerfamilie Uberti stützt sich auf ihren ausgeprägten Perfektionsdrang, der sich in akribischer Sorgfalt noch in Kleinigkeiten ausdrückt. Das beginnt im Weinberg, der fast wie ein Garten aussieht und setzt sich in jede Ecke des Kellers fort. Imposant ist der Franciacorta Magnificentia ❹ aus Chardonnay, mit seiner vielschichtigen Nase, dem feinen Schaum, der Harmonie und Komplexität im Gaumen und der gewaltigen Länge. Ähnlich intensiv und tief ist der Jahrgangs-Franciacorta I Comari del Salem ❹ aus Chardonnay und Pinot bianco.

SONSTIGE GEBIETE

D'Aprarì ★–★★
D'Aprarì, S. Severo.
Dass auch in Süditalien gute Spumanti entstehen können, dokumentiert dieses apulische Haus. Der Name des Betriebs setzt sich aus den Initialen der drei Gründungsmitglieder Girolamo d'Amico, Louis Rapini, und Ulrico Priore zusammen. Die Schaumweine der Minikellerei aus San Severo haben sich in den vergangenen Jahren klar verbessert. Den d'Aprarì brut ❸ zeichnet ein trockener, harmonischer Stil mit einem leicht bitteren Abgang aus. Der Brut Rosé ❸ enthüllt eine ausladende florale Nase mit einem trockenen, würzigen Geschmack.

Dorigo ★–★★★★
Girolamo Dorigo, Buttrio
Seit den frühen neunziger Jahren zählt Girolamo Dorigo, der einstige Buchhalter und konvertierte Weinbauer, im Friaul zu den ganz Großen. Wegen seines Weinbergs, den er im klassischen burgundischen Stil angelegt hat, und wegen des systematischen Einsatzes französischer Eichenfässer hat er sich den Übernamen «Dorigaux» eingehandelt. Der Spumante Dorigo brut ❸ bietet Extraktreichtum und gilt bei vielen Kennern als der beste der Region. Die Cuvée Pinot Pas Dosé brut ❸ freilich steht ihm in nichts nach.

Zaccagnini ★–★★★
Zaccagnini, Staffolo.
Die noch recht junge Geschichte dieses Hauses in den Marken fällt sozusagen mit der Neubewertung des hiesigen Weißweins Verdicchio dei Castelli di Jesi anfangs der achtziger Jahre zusammen. Die Brüder Zaccagnini gehörten in dieser Gegend zu den ersten, die auf Qualitätswein setzten. Den trinkbaren Beweis liefern nicht nur die Verdicchio-Auslesen, sondern auch die aus der selben Sorte vinifizierten Spumanti. Der Zaccagnini Metodo tradizionale ❸ ist ein kraftvolles, Gewächs mit dichter, reifer Nase. Ein ordentliches Format beweist auch der preiswerte Zaccagnini brut ❷.

Die Vinoteca-Empfehlungen

Hier sind einige Beispiele von Weinen aus allen Preislagen und Kategorien, die sich durch zuverlässige Qualität und Preiswertigkeit auszeichnen. Sie werden alle in größeren Mengen erzeugt, sodass die Chancen gut stehen, sie bei den Bezugsquellen zu finden (s. S. 76). Für Verfügbarkeit und Preisangaben kann allerdings keine Garantie übernommen werden. Die Qualität kann je nach Jahrgang leicht schwanken, die Preise können je nach Verkaufsort variieren.

Weinname	Weincharakter	Qualität	Preise	Lagerfähigkeit	Beispiele zum Essen
Prosecco di Conegliano-Vadobbiandene Spumante DOC Le Colture (Seite 63)	weiß, trocken	★	❶ – ❷	sofort trinken	Aperitif, Häppchen, Wurstwaren
Prosecco di Conegliano-Vadobbiandene Frizzante DOC Col Vetoraz (Seite 61)	süffiger, einfacher Perlwein	★	❶	sofort trinken	Salami, kalte Imbisse
Superiore di Cartizze DOC Bisol (Seite 61)	eleganter, feinfruchtiger Schäumer, leichte Restsüße	★★	❷	sofort trinken	Aperitif, trockenes Gebäck
Moscato d'Asti DOC Bera (Seite 63)	aromatisch, süßlich, prickelnd	★★	❷	sofort trinken	Mandelgebäck, Panettone
Asti DOC Gancia (Seite 64)	aromatischer, fruchtiger, süßer Schäumer	★	❷	sofort trinken	Fruchtkuchen, süße Cremen, Gebäck
Lambrusco di Sorbara DOC Bellei (Seite 67)	beeriger, fruchtiger Frizzante mit frischer Säure	★	❷	sofort trinken	Schweinefleisch, Teigwaren mit kräftiger Sauce
Lambrusco Reggiana DOC Rinaldini (Seite 67)	beeriger, saftiger, harmonischer, roter Schäumer	★	❷	sofort trinken	Pizza, Spaghetti bolognese, Parmaschinken
Trento DOC MezzaCorona (Seite 66)	feinfruchtiger, zarter, weißer Schaumwein	★★	❷	1 Jahr	Aperitif, Salat mit Fisch, Geflügel
Trento DOC Ferrari (Seite 65)	eleganter, ausgewogener Schaumwein	★★★	❸	1 Jahr	Vorspeisen, Fischgerichte, Geflügel
Alto Adige DOC Vivaldi-Arunda (Seite 67)	charaktervoller, kräftiger Spumante	★★★	❹	1 Jahr	Spätzle, frittierter Fisch, gebratenes Geflügel
Valentino Rocche dei Manzoni (Seite 64 f.)	nobler, reifer, vielschichtiger Spumante	★★★	❸	1 Jahr	Aperitif, grilliertes Gemüse, Vitello tonnato

Gut einkaufen

IN ITALIEN SELBST

Beim Weinerzeuger
An der Quelle selbst macht das Weinkaufen sicher am meisten Spaß. Sie können vor Ort degustieren und diskutieren, in kleineren Weingütern meist mit dem Inhaber oder Kellermeister persönlich. Sie dürfen sich in den Rebbergen und im Keller umsehen und erhalten so einen guten Eindruck des Betriebes.
In Italien ist der Direktkauf praktisch bei allen Erzeugern möglich. Die Güter sind sogar daran interessiert, denn sie können dabei die Marge der Wiederverkäufer teilweise in die eigene Kasse leiten. Das heißt aber auch, dass die Preise, zumindest bei renommierten Gütern, nicht automatisch viel tiefer sind als auf dem Markt.

In der Enoteca
In fast jedem größeren Ort in Italien finden sich eine oder mehrere Weinläden, so genannte Enoteca. Sie bieten meist einen guten Querschnitt durch die Weine der engeren oder weiteren Region. Die Preise in der Enoteca sind durchaus vernünftig, manchmal sogar günstiger als auf den Weingütern selbst, wo der Käufer keinen Preisvergleich hat. Andererseits hat man in den meisten Enoteche keine Möglichkeit zum Verkosten. Eine Ausnahme bilden die Verkaufsgeschäfte von offiziellen, staatlichen Stellen oder von Konsortien. Adressen von einigen guten Enoteche finden Sie auf Seite 77.

Beim Kauf im Weingebiet beachten
Denken Sie daran, dass der Transport im Kofferraum des Wagens, der bei sommerlicher Hitze unglaublich heiß wird, dem Wein schaden kann. Führen Sie also Ihre kostbare Fracht nicht tage- oder gar wochenlang spazieren. Im (klimatisierten) Wageninnern sind die Verhältnisse klar besser. Kaufen Sie nur so viel, wie Sie im Verlauf der nächsten 12 Monaten auch trinken können.

IM WEINFACHHANDEL

Im Weinfachgeschäft
Fast jedes Fachgeschäft hat seine Favoriten oder seine Spezialgebiete. Sie sollten in unserm Fall Ausschau halten nach einem Italien-Spezialisten. Ideal ist natürlich, wenn Sie sich «Ihren»

Beurteilung der Einkaufsquellen

Einkaufsquelle	Auswahl	Preise	Verkostung	Beratung	Service
Weingut Erzeuger	minimal	normal	ideal	sehr gut	gut
Enoteca im Weingebiet	regional maximal	normal	beschränkt möglich	gut bis sehr gut	gut
Weinfachhandel	optimal auch im oberen Bereich	eher hoch	gut bis sehr gut möglich	gut bis sehr gut	sehr kulant
Weinversender	gut bis sehr gut	eher hoch	nur über Probebestellung	gut	sehr kulant
Verbrauchermarkt	sehr gut im unteren Preisbereich	günstig	kaum möglich ausser bei Aktionen	minimal	minimal
Messen	sehr unterschiedlich, je nach Messe	normal	in der Regel gut möglich	normal bis sehr gut	normal

Weinhändler aufbauen und einen Fachmann zur Hand haben, dem Sie vertrauen. Als Stammkunde wird er Sie bevorzugt behandeln, er wird sich Zeit zum Fachsimpeln nehmen und Ihnen wertvolle Tipps vermitteln können, besonders wenn er, was meistens der Fall ist, seine Lieferanten persönlich kennt.

Beim Weinversender
Große Versandhändler haben oft ein interessantes und übersichtlich gestaltetes Angebot. Italien nimmt darin meist eine bevorzugte Stelle ein. Mittels Schnupperpaketen oder -angeboten ist es möglich, sich zu einem Vorzugspreis einzelne Probierflaschen zustellen zu lassen.

Auf Weinmessen
Für viele Leute sind sie Anlass, zu einigen Gratis-Gläschen zu kommen. Doch aufgepasst: Im Rummel und vor allem in leicht beschwipstem Zustand hat schon mancher Trinker seinen Kauf nachher bereut. Wenn an einer Messe aber in Ruhe verkostet und verglichen und mit dem Aussteller ein vernünftiges Wort gewechselt werden kann, so ist diese Einkaufsquelle durchaus empfehlenswert.

IM LEBENSMITTELHANDEL

In den Supermärkten hat der Wein einen wichtigen Stellenwert, und manche der Ladenketten haben sehr erfahrene und gewiefte Einkäufer. Durch die Einkaufsmengen können sie besonders im unteren Preisbereich oft unglaublich günstige Angebote unterbreiten. Im Discount ist dies der Fall bei Aldi, in den Supermärkten Spar, Rewe, Kaiser's, Wertkauf und Eurospar.
In den Weinregalen der Kaufhäuser Kaufhof, Karstadt, Hertie, Horten und besonders im Berliner KaDeWe entdecken Sie teilweise hervorragende Weine. Im Bereich um die zehn Mark und mit ausgezeichnetem Preis/Wert-Verhältnis sind Edeka, Tengelmann, Familia Nord oder Globus stark.

FRAGEN AN DEN VERKÄUFER

Über die generellen Punkte der italienischen Schaumweine wie Weintypologie, Weinzonen DOC oder Jahrgänge wissen Sie jetzt bestens Bescheid. Was Sie erfragen sollten, sind Einzelheiten und Eigenheiten eines Produzenten und seiner Weine.

- Zu den Traubensorten: Welche sind zu welchen Anteilen in diesem Wein enthalten, sofern dies nicht auf dem Etikett steht?
- Was ist spezifisch für das Terroir des Betriebs, für Kulturform und Pflanzdichte der Reben?
- Zum Faktor Umwelt: Wie wird produziert: traditionell, integriert (IP/umweltverträglich) oder biologisch?
- Zur Ernte: Wurden die Trauben handgelesen oder maschinell geerntet?
- Zur Weinbereitung: Lassen Sie sich über Metodo classico oder Charmat-Verfahren informieren.
- Zum Ausbau: Wie lange war der Wein im Tank oder auf der Flasche?
- Zum Produzenten: Wie groß ist der Betrieb? Wie alt ist er? Welches ist der Werdegang des Winzers, wer sind seine Berater (Önologen)?
- Zum Jahrgang: Gab es beim Erzeuger allfällige Besonderheiten in diesem Jahr?
- Zum Wein: Was sind die Charakteristiken und zu welchen Gerichten empfiehlt er sich?
- Zur Lagerfähigkeit: Wann ist die optimale Trinkreife erreicht. Wieviel Jahre kann er maximal gelagert werden?
- ★ Wieviel Flaschen wurden von diesem Wein abgefüllt?
- ★ Zu Auszeichnungen: Hat das Weingut oder der Wein irgendwelche Auszeichnungen erhalten oder Prämierungen gewonnen?

Detaillierte Informationen über den Einkauf von Wein finden Sie im Vinoteca-Band Einkaufs-Guide Wein.

Klug einkellern: italienische Schaumweine

Auf diesen Seiten vermitteln wir Ihnen einige Anregungen und Ratschläge für den Einkauf italienischer Schaumweine und den Aufbau eines kleinen Vorrats oder gar einer Spumante-Abteilung in Ihrem Weinkeller.

Zur Einkaufsplanung
Am besten legen Sie sich einen Einkaufs- oder Einlagerungsplan zurecht. Anhand des kleinen Schemas unten können Sie dann Ihren Jahresbedarf an Flaschen und das erforderliche Budget abschätzen.

Kreuzen Sie bei jedem Punkt im Schema an, was für Sie zutrifft und setzen Sie in der letzten Kolonne die über den Spalten genannten Punktzahlen ein:

	3	2	1	Punkte
Stellenwert der Spumanti	hoch	mittel	gering	
Eigene Lagermöglichkeiten	Ideal	beschränkt	gering	
Weinkonsum pro Woche	mehr als 5 Fl.	bis 5 Flaschen	bis 2 Flaschen	
Total Punkte				

Aufgrund der Punktzahl haben wir einige Vorschläge ausgearbeitet, die Sie natürlich noch ganz nach Ihren eigenen Vorlieben und Bedürfnissen variieren können.

8–9 Punkte
Sie sind ein ausgesprochener Weinfreak und lieben Schaumweine. Für Sie kommt nur das Beste in Frage. Richten Sie in Ihrem Weinkeller eine Ecke dafür ein und pflegen Sie diesen Vorrat. Mit 900 DM/450 € müssen Sie dabei rechnen. Unser Einkaufsvorschlag:
Alltagsweine, zum baldigen Konsum
12 Flaschen Prosecco DOC ♀ DM 120,–
12 Lambrusco DOC ♥ DM 120,–
Sonntagsweine
12 Flaschen festlicher Spumante ♀ DM 360,–
6 Flaschen Moscato d'Asti DOC ♀ DM 100,–
6 Flaschen Jahrgangs-Spumante ♀ DM 300,–
48 Flaschen total   DM 1000,–

5–7 Punkte
Sie haben viel übrig für die Spumanti. Sie sollten einen schönen Querschnitt an Gewächsen im Keller haben. Rechnen Sie mit ca. 400 DM/200 €.
12 Alltagsweine, rot oder weiß ♥♀ DM 120,–
6 Sonntagsweine ♀ DM 180,–
6 Dessertweine ♀ DM 100,–
24 Flaschen total   DM 400,–

3–4 Punkte
Italienische Spumanti sind für Sie Weine unter vielen. Sie werden sich also einige schöne Flaschen bereithalten und wann immer Sie die Lust auf Schaumwein überkommt, eine davon entkorken. Rechnen Sie mit einer Investition von gut 200 DM/100 €
6 Flaschen Trinkweine ♥♀ DM 60,–
3 Flaschen Sonntagsweine ♀ DM 90,–
3 Flaschen Dessertwein ♀ DM 50,–
12 Flaschen total   DM 200,–

Richtig servieren: italienische Schäumer

Gläser machen Weine, sagt man nicht zu Unrecht. Ein einfacher Tropfen schmeckt besser in einem schönen Glas und ein kostbares Gewächs kommt in einem Kelch besser zur Geltung.
Gute Schaumweingläser haben einen Fuß, einen Stiel und einen feinrandigen Kelch. Sie werden nicht bis an den Rand gefüllt.

Hier sehen Sie drei gute Beispiele für Schaumweingläser. Bild links zeigt ein stilvolles Glas für fruchtige, frische Schaumweine. Ein zartes Bukett steigt aus einem schlanken Kelch besonders fein in die Nase. In der Mitte steht ein elegantes Glas mit einem etwas ausladenderen Kelch. Es eignet sich für reifere Schaumweine. Das einfache Glas rechts ist das richtige für einfachere Gewächse und den unbekümmerten Trinkgenuss.

Achten Sie auf die richtige Ausschank-Temperatur. Die Tabelle unten gibt Auskunft. Zu kühl ist in jedem Fall besser als zu warm. Bei Zimmertemperatur, die ja meist über 20 Grad liegt, erwärmen sich die Weine im Glas rasch und die Trinktemperatur steigt schnell um einige Grade an.

4–6°	Moscato d'Asti, Asti Spumante
6–8°	Prosecco, Cartizze, Trento, Franciacorta
8 °	Lambrusco, Brachetto
8°–10°	Jahrgangsschaumwein Franciacorta

Mit diesem schlanken Kelch machen Sie immer gute Figur.

Im ausladenderen Kelch kommen reifere Schäumer zur Geltung.

Dieser einfache Glastyp passt für jeden (Schaum)Wein.

BEZUGSQUELLEN

Weinfach-und Weinversandgeschäfte mit gutem Spumante-Sortiment

10717 Berlin, Wein & Glas Compagnie
Tel. (0 30) 2 35 15 20, Fax 23 51 52 22
38104 Braunschweig, Harald L. Bremer GmbH
Tel. (05 31) 23 73 60, Fax 37 30 22
28209 Bremen, Vinum Weinhandels GmbH
Tel. (04 21) 3 47 90 94, Fax 3 49 87 86
20369 Hamburg, F. Reimers GmbH
Tel. (0 40) 31 12 66, Fax 3 19 27 09
85635 Höhenkirchen - Siegertsbrunn, Bonvino
Tel. (0 81 02) 7 10, Fax 10 24
34119 Kassel, Weinhandlung Schluckspecht GmbH
Tel. (0 56) 7 39 01 86, Fax 10 28 10
47799 Krefeld, Vom Ende & Pohl
Tel. (0 21 51) 2 56 56, Fax 2 88 84
35039 Marburg, Die Weinrebe
Tel. (0 64 21) 48 51 54, Fax 48 51 55
88709 Meersburg, Haus der Guten Weine
Tel. (0 75 32) 90 97, Fax 90 99
45481 Mühlheim/Ruhr, Vini d'Italia
Tel. (02 08) 46 01 13, Fax 46 02 81
80807 München, Garibaldi
Tel. (0 89) 3 59 02 22, Fax 3 59 29 29
90403 Nürnberg, Il Nuraghe GmbH
(09 11) 50 10 91, Fax 50 45 60
78359 Orsingen, Peter Riegel Weinimport
Tel. (0 77 74) 9 31, Fax 93 13 12
88212 Ravensburg, Enoteca Da Carlo
Tel. (07 51) 3 20 87, Fax 35 18 06
89077 Ulm, Wein-Bastion
Tel. (07 31) 6 69 93, Fax 6 91 99
33775 Versmold, Weinkontor Freund GmbH
Tel. (0 54 23) 9 45 20, Fax 94 52 52

Lebensmittelhandel mit gutem Spumante-Angebot: Globus, Dohle/Hit, Karstadt/Hertie, KaDeWe, Kaufhof Galeria, Wertkauf, Handelshof, Famila/ citti, Real, Ratio Cash & Carry, AVA/Edeka mit Kaufmarkt und dixi.
Gut in Preis und Leistung unter 10,– DM: Aldi, penny, hl und minimal.

Schweiz: Coop, Pick-Pay, vis-à-vis, Familia
Österreich: Merkur, Mein Gourmet, Wein&Co.

Weitere Bezugsquellen finden Sie im Internet unter der Adresse: www.vinoteca.falken.de

ADRESSEN

Vorwahl Italien 0039

Regionale Verbände

I-14100 Asti
Consorzio Asti Spumante
Piazza Roma, 10
Tel. (01 41) 59 42 15, Fax 35 30 08

I-14100 Asti
Produttori Moscato d'Asti Associati
Via G.Guardacci, 10 A
Tel. (01 41) 35 38 57, Fax 43 67 58

I-39100 Bozen:
Alto Adige - CCIAA di Bolzano
Via Perathoner, 8b - 10
Tel. (04 71) 94 55 11, Fax 94 56 92

I-25030 Erbusco
Consorzio Tutela Vini Franciacorta
Via Giuseppe Verdi, 53
Tel. (0 30) 7 76 04 77, Fax 7 76 04 67

I-20121 Milano
Istituto Talento Metodo Classico
Via Bagutta, 1
Tel. (02) 76 01 51 05, Fax 76 01 49 98

I-41100 Modena
Consorzio Tutela del Lambrusco
Via Schedoni, 41
Tel. (0 59) 23 50 05, Fax 23 50 05

I-31053 Pieve di Soligo
Consorzio Tutela del Vino Prosecco di Conegliano e Valdobbiadene
Via Roma, 7
Tel. (04 38) 8 30 28, Fax 84 27 00

ÖNOTHEKEN

Asti
Enoteca del Ristorante Dente
Frazione Torrazzo, valle Tanaro, 43
Tel. (01 41) 3 03 22, Fax 43 65 60

Bolzano/Bozen
Enoteca Bacchus
Via Leonardo da Vinci, 1
Tel. (04 71) 97 01 76

Brescia (Franciacorta)
La Vineria
Via Dieci Giornate, 4
Tel. (0 30) 28 04 77

Conegliano (Prosecco)
Enoiteca Osteria Due Spade
Via Beato Ongaro, 69
Tel. (0 48) 3 19 90

Modena (Lambrusco)
Enoteca Compagnia del Taglio
Via del Taglio, 12
Tel. (0 59) 21 03 77

Pavia (Oltrepò Pavese)
Osteria del Naviglio
Via Alzaia, 39
Tel. (03 82) 46 03 92

Trento
Enoteca La Sgeva
Via Brennero, 20
Tel. (04 61) 98 00 90

RESTAURANTS

Asti
Barolo & Co.
Via Cesare Battisti, 14
Tel. (01 41) 59 20 59
Schmackhafte piemontesische Hausmannskost mit regionalen und lokalen Gewächsen, die man zum Teil auch glasweise bestellen kann.

Bozen
Gostner Flora's Bistro
Piazza delle Erbe
Tel. (04 71) 97 40 86
Ein schönes Panorama der Südtiroler Küche mit qualitativ hochstehenden Weinen.

Conegliano (Prosecco)
Osteria Alla Corona
Via Beato Ongaro, 29
Tel. (04 38) 3 45 96
Traditionsbewusste und gepflegte Küche; gute Weinkarte mit Spumanti der Sonderklasse.

Modena (Lambrusco)
Osteria Ermes
Via Ganaceto, 89/91
Kein Telefon (Reservation nicht notwendig)
Stadtbekannte Osteria-Trattoria mit preiswerter Küche aus der Emilia, zu der ein Lambrusco di Sorbara ausgezeichnet passt.

Rezzato (Franciacorta)
Trattoria Alpino
Via Trieste, 27
Tel. (0 30) 2 59 19 68
Modern interpretierte Küche, die aber ihren ursprünglichen Charakter nicht verloren hat; Weinkarte mit interessantem Franciacorta- und Gardasee-Angebot.

Pavia (Oltrepò Pavese)
Osteria della malora
Via Malozza, 79
Tel. (03 82) 3 43 02
Gerichte aus dem Hinterland von Pavia; grosser Nachdruck wird auf die Weine des Oltrepò Pavese gelegt.

Pergine Valsugana (Trentino)
Capriolo
Masi alti Viarago
Tel. (04 61) 55 11 08
Restaurant auf 1300 m Höhe, etwa 10 Kilometer von Trient entfernt. Wildgerichte sind die Spezialitäten des Hauses; die Weine kommen fast ausschliesslich aus dem Trentino.

Adami, 60
Alto Adige 29, 38f., 41, 51, 56, 65ff.
Antinori 50
Apulien 50
Arneis 45
Asti 24, 42ff., 56
Astoria 61

Barbera 42
Barbolini 67
Bellavista 35, 68
Bellei Francesco 67
Bellenda 60
Bera 63
Berlucchi 34, 68
Bisol 60
Blauburgunder s. Pinot nero
Brachetto 17, 45, 56

Ca' del Bosco 35, 68
Canevel 60
Casali 67
Castellino 68
Caudrina 63
Cava 11
Cavalleri 69..
Cavicchioli Umberto 67

Cavit 65
Cesanese di Alevano Romano 50
Cesarini Sforza 40, 65
Champagner 11, 36
Charmat-Verfahren 10f., 20f., 37, 39, 43, 47
Chardonnay 17, 36, 37, 39, 40, 45, 50
Cinzano 43
Cola 69
Col Vetoraz 61
Collalto 60
Colli Albani 50
Colli del Soligo 61
Colonnara 50
Contratto 63f.
Coppo 64
Cortese 45
Croce Giovan Battista 43

D'Araprì 70
Dolcetto 42
Dorigati 65
Dorigo 70
Durello 17

Emilia Romagna 17, 29, 46ff., 55, 67f.

Equipe 5, 40

Falchini 50
Ferrari 40f., 65f.
Flaschengärung s. Metodo classico
Fontanafredda 64
Franciacorta 24, 34ff., 51, 56, 68ff.
Frescobaldi 50
Friaul 51, 70
Frizzante 11, 24
Frozza 61

Gancia 25, 64
Garganega 17
Garofoli 50
Greco di Tufo 50
Guarischi 69

Haderburg 38f., 66

Il Colle 61

Kampanien 50
Kössler 66

La Gioiosa/Villa Sandi 61

INDEX

La Marca 61
Lambrusco 17, 24, 46ff, 55, 56
La Montina 69
Lantieri de Paratico 69
La Spinetta 64
Latium 50
Le Fracce 37
Le Manzane 62
Letrari 66
Locorotondo 50
Lombardei 28, 34ff., 68ff.

Malvasia 45
Marino 50
Marken 50
Martini & Rossi 43, 64
Maschio 62
Masottina 62
Metodo classico 11, 22f., 37, 39, 41, 43, 50
Metodo tradizionale s. Metodo classico
MezzaCorona 66
Mionetto 62
Mittel- und Süditalien 50
Montellori 50
Monte Rossa 70
Moscato 17, 42ff.

Moscato d'Asti 42ff., 55, 56

Oltrepò Pavese 37
Ombretta 9, 54

Perlage 62
Piemont 17, 28, 42ff., 51
Pinot bianco 17, 37, 40
Pinot nero 17, 37, 39, 40, 45, 50
Pojer & Sandri 66
Prosecco 9ff,, 16, 24, 30ff., 53ff., 56, 60ff.

Regaleali 50
Ricasoli 50
Rinaldo Rinaldini 67
Rocche dei Manzoni 45, 64f.

San Giovanni 62
Saracco 65
Sekt 11
Sizilien 50
Südtirol s. Alto Adige

Talento 51
Tankgärung s. Charmat-Verfahren
Toskana 50
Trentino 29, 40f., 65ff.

Trento 24, 41, 56

Uberti 70

Veneto 9ff., 29, 30ff., 53ff., 60ff.
Verdicchio 17, 50
Vernatsch 38
Vivaldi-Arunda 39, 67

Weissburgunder s. Pinot bianco

Zaccagnini 50, 70
Zanella Maurizio 35

PROSECCO & CO.

Im FALKEN Verlag sind zahlreiche Titel zum Thema «Wein» erschienen. Sie finden sie überall dort, wo es Bücher gibt.

Wir sind im Internet:
www.falken.de und www.vinoteca.falken.de

Dieses Buch wurde auf chlorfrei gebleichtem und säurefreiem Papier gedruckt.

Der Text dieses Buches entspricht den Regeln der neuen deutschen Rechtschreibung.

ISBN 3 8068 7443 3

© 1999 by FALKEN Verlag, 65527 Niedernhausen/Ts.
Die Verwertung der Texte und Bilder, auch auszugsweise, ist ohne Zustimmung des Verlags urheberrechtswidrig und strafbar. Dies gilt auch für Vervielfältigungen, Übersetzungen, Mikroverfilmung und für die Verarbeitung mit elektronischen Systemen.

Umschlaggestaltung: Peter Udo Pinzer
Gestaltungskonzept: Peter Jaray, Zürich
Konzept: Dr. Gerhard Kebbel
Redaktion: Barbara Fleig
Lektorat: Thomas Wieke, Idstein
Herstellung: Daniel Moosberger, Oensingen
Umschlagfoto: Fotografie Friedemann Rink/Susa Kleeberg, Naurod
Fotos und Illustrationen im Innenteil:
Vinum, das internationale Weinmagazin, Consorzio Tutela del Vino Prosecco di Conegliano e Valdobbiadene

Die Ratschläge in diesem Buch sind vom Autor und vom Verlag sorgfältig erwogen und geprüft, dennoch kann eine Garantie nicht übernommen werden. Eine Haftung des Autors bzw. des Verlags und seiner Beauftragten für Personen-, Sach- und Vermögensschäden ist ausgeschlossen.

Litho und Satz: Offset-Satz AG, Zürich
Druck: Druckerei Uhl, Radolfzell

817 2635 4453 6271